名师名校名校长

凝聚名师共识
回应名师关怀
打造名师品牌
培育名师群体

　　　　程明道题

因爱而幸福

在教学实践中成长

白桂云 / 著

中国出版集团 现代出版社

图书在版编目（CIP）数据

因爱而幸福：在教学实践中成长 / 白桂云著. —
北京：现代出版社，2022.11

ISBN 978-7-5231-0000-4

Ⅰ.①因… Ⅱ.①白… Ⅲ.①学前教育—文集 Ⅳ.
①G61-53

中国版本图书馆CIP数据核字（2022）第203739号

因爱而幸福：在教学实践中成长

作　　者	白桂云
责任编辑	袁　涛
出版发行	现代出版社
地　　址	北京市安定门外安华里504号
邮政编码	100011
电　　话	010-64267325　64245264
网　　址	www.1980xd.com
印　　制	北京政采印刷服务有限公司
开　　本	710mm×1000mm　1/16
印　　张	10.75
字　　数	172千字
版　　次	2022年11月第1版　2022年11月第1次印刷
书　　号	ISBN 978-7-5231-0000-4
定　　价	58.00元

目录

第一篇　课题研究

第二篇　名师教研

第三篇　教育拾趣

第四篇　研修学习

1

第一篇

课题研究

只要我们长久地坚持做一件事，就一定会形成一种习惯。我很感动周围的老师们对我的信赖，很感动他们和我一起踏实地做研究。当他们拿着记录的小本本兴奋地和我交流他们在课题研究中的惊喜发现时，我打心底觉得我们做的事是有价值的。

课题一：以《3—6岁儿童学习与发展指南》为依据提高教师观察能力的实践研究

　　《幼儿园教师专业标准（试行）》（以下简称《标准》）中明确指出，教师应该掌握观察、谈话、记录等了解幼儿的基本方法。因为唯有观察幼儿，才能了解幼儿；唯有了解幼儿，才有可能为幼儿提供适宜的教育；唯有为幼儿提供适宜的教育，才能实现尊重个体差异，促进每个幼儿富有个性地发展，为幼儿提供高质量的幼儿教育。由此可见，教师的观察能力会直接影响幼儿园的保教质量。

　　但知易行难，我们教师的观察存在很大的问题，随意性太强，对为什么观察、观察什么、怎样观察、如何利用观察资料等方面的认识不清晰、不明确，究其原因，是缺乏系统的知识体系，缺乏有力的理论依据。而《3—6岁儿童学习与发展指南》（以下简称《指南》）全面、系统地阐述了3~6岁幼儿各年龄阶段的身心发展特点和典型性行为表现，为教师观察幼儿、了解幼儿提供了导向性的指引，为教师更科学有效地观察幼儿提供了科学、有力的依据。

　　提高教师的观察能力是一个回到原点的研究，我们在研究中运用了问卷调查法、观察法、文本分析法和案例研究法等研究方法，将课题研究与县域内的大教研活动、（山东）博兴县乐安实验学校附属幼儿园的教研活动有机地结合在一起，通过聚焦问题、制订观察计划、反复研讨案例、回到现场实践检验、总结提升等过程，带动全县幼儿教师进行有目的的观察，实现教师和幼儿的共同成长。

　　本研究将主要以案例文本的形式呈现研究过程和研究结果，以期望更清晰、更直观地为大家呈现课题研究的实践过程和教师观察能力不断提高的过程。

一、课题研究的背景

（一）选题的理论背景

（1）1996年联合国教科文组织在《关于教师地位的建议》中提出，教师工作应该被视为一种专门职业。教师要通过严格而持续的学习，掌握专门的知识和特殊技能。观察既是教师专门化知识技能中的核心专业技能之一，是每位教师胜任教育教学工作必备的专业能力，也是教师专业活动中的基本构成性的专业行为。缺乏起码的教师专业观察技能意味着教师专业行为能力有所欠缺，也同样意味着不能履行教育的职责。

（2）《标准》中关于"幼儿保育和教育的知识"的内容指出，教师应当掌握观察、谈话、记录等了解幼儿的基本方法。这意味着观察幼儿的能力已经作为考察教师专业能力的标准之一。

（3）美国帕特丽夏·韦斯曼和乔安妮·亨德里克所著的《幼儿全人教育》一书中有这样的观点：了解儿童发展及学习方面的知识，包括了解每个年龄和发展阶段的特质，能帮助你判断什么才是对儿童而言最佳的成长经历。这些知识让教师清楚课程设计的方方面面，并能有效地开展教育实践。此外，还要了解个体适宜性，幼儿教师需要持续地观察每名儿童和他人或环境的互动。

（4）《蒙台梭利幼儿教育科学方法》中提到，观察是教师应具有的必备的素质。作者指出："教师是儿童活动的观察者和指导员，幼儿园教师应是一位观察者，他必须以科学家的精神，运用科学的方法去观察和研究儿童，揭示儿童的内心世界，发现童年的秘密。但教育科学的观察研究不同于一般科学，它的对象不是物，而是人，是富有情感和思想的活生生的人，特别是活泼好动的儿童，其目的是激发儿童的生命活力、培养和发展个性，使之成为适应现代社会和科学技术发展的独立自主的人。"

（5）卢梭也倡导要观察儿童，在《一个孤独的散步者的梦》中，卢梭提出："如果我对人的心灵的了解有某种程度的进步的话，这进一步的了解，

应当归功于我在观察和研究孩子们在玩耍时的快乐心情。……我发现，我在观察他们玩耍时，我的心灵在研究天性的原始的和真正的运动方面所取得的知识，就足以弥补我的损失。恰恰是对于人的天性，我们所有的学者都是一无所知的。我在我的几部著作中对我在这方面的研究是讲得那么详细……"同时为了回答"儿童是谁"，卢梭倡导教师要研究儿童，并在《爱弥儿》中指出，"可以从你们的学生开始进行研究，因为你对他们是完全不了解的，我相信这种做法对你会有益处"。卢梭的教育思想处处体现着观察儿童、研究儿童的思想和观点。

综上所述，观察是教师专业必备的素质之一，也是最基本的、最重要的专业素质，这是实施有效教育的前提条件。

（二）选题的现实背景

1. 观察是实现高质量幼儿教育的前提

随着《指南》《标准》和学前三年行动计划的颁布与实施，学前教育被高调提及，同时也被高度重视，高质量的学前教育正成为社会和人民的需求，如何才能达到真正的"高质量"也成为各级教育主管部门的共同课题。那什么是高质量的幼儿教育？通过搜索研读和学习国内外的一系列政策法规文件发现，高质量的幼儿教育就是适宜幼儿发展的教育，是符合幼儿身心发展特点与需求的教育，是能促进幼儿个性发展的教育。怎样实现高质量的幼儿教育呢？幼儿园和教师要能够保证为孩子提供适宜而有效的教育活动。教师只有充分观察及了解幼儿的发展水平、行为特点、兴趣需要与学习风格，才能设计出符合幼儿发展水平与学习需要的教育活动，并在活动过程中根据幼儿的表现及时调整，从而保证活动的适切性和有效性。由此可见，教师观察是实现高质量幼儿教育的前提，这是时代发展的需要，更是幼儿发展的需要。

2. 观察是教师专业成长的需要

幼儿园发展是以幼儿为中心的发展，而教师专业发展则是影响幼儿园高质量发展的关键因素，因为孩子在幼儿园的发展与成长，归根结底，还是要靠教师专业素质的提高。随着《标准》的颁布和实施，大家开始关注"幼儿教师专业性"的发展，开始注重教师的专业成长，但面对一批90%从职业技术学校毕业的幼儿教师，最好的解决途径就是各种各样的培训、教研。我们幼儿园也不例外，开始立足自己的实际，研训一体，为老师们量身定制了各种各样的培训和教研活动。每次培训和教研活动，我都会被大家的学习热情所感染，每次老师们也都会说收获很大，可事实上大家的专业水平提升并不是很大。因为我观察到：老师们一边说着把自主权还给幼儿，一边还是不自觉地控制着幼儿的游戏和学习；老师们这里刚刚研究完投放材料要有层次性、可操作性，回头又将整齐划一的材料投放到附近区域；老师们一边高喊要尊重幼儿的个体差异，一边却又实施着整齐划一的教育……

其实不是我们不想改变，也不是我们不愿改变，而是我们未把尊重幼儿、关注幼儿个体差异的观念落到实处。如何才能关注到幼儿的个体差异，尊重幼儿？唯有观察、了解、读懂他们的行为。走过了许多弯路，我们才开始认识到：提高教师的观察能力是专业成长的根，是促进教师专业成长的重要途径。

但我们的观察却存在很多问题。通过文献阅读，可以发现我们老师存在的问题和文献总结的问题高度类似，集中体现为：①观察随意性强，没有制订观察计划。②缺乏观察的依据，不知道如何进行观察。③观察缺乏目的性，观察记录的有效信息少，以记录幼儿的不良行为为主。④在观察中、观察后不知该如何解读幼儿的种种表现。

幼儿园教师专业的核心能力就是了解幼儿，观察幼儿，读懂幼儿的需要，为幼儿提供适宜的课程和帮助。寻找一种合适的观察常模或理论依据，提高幼儿园教师的观察能力，成为幼儿教育研究和实践面临的一大难题，因此不论是从解除幼儿教师困惑的角度，还是从提高幼儿教师观察能力的角度，都可以看出此研究的必要性和迫切性，所以我选择这一课题。观察孩子、了解孩子、读懂孩子是教师专业发展的起点，是教育的原点，唯有回到原点，才能找到提升我们自身专业素质的支点。

二、课题研究的目的及意义

（一）课题研究的目的

（1）通过课题研究，帮助教师获得有关幼儿发展与教育的实践知识，优

化自身的知识结构，促进自身的教学反思，推动自身的专业化发展。

（2）通过观察走进幼儿的内心世界，了解幼儿发展的差异性，为幼儿提供适宜的教育。

（二）课题研究的意义

1. 理论意义

本研究在教师观察幼儿所存在的困惑的基础上，通过对《指南》的分析、解读，尝试建构出"幼儿观察与发展"的常模，并在行动研究中验证其有效性。

2. 实践意义

从教育实践的意义来看，本研究有利于梳理教师观察幼儿存在的问题，加强教师对《指南》的解读和理解，将《指南》的学习与教师观察幼儿的实践行为相结合，将理论运用于实践，从而为教师更有效地观察、了解幼儿提供一定的借鉴和启示，提升幼儿教育教学的质量，促进幼儿的健康成长。同时，本研究也能促进教师观察、记录、分析能力的提升，为教师专业能力的发展提供有针对性的实践支撑和参考。

三、核心概念的界定及文献综述

（一）核心概念的界定

观察是人类认识周围世界的一个最基本的方法，也是人类从事科学研究（包括自然科学、社会科学、人文科学）的一个重要手段。观察不仅是人的感觉器官直接感知事物的过程，而且是人的大脑积极思维的过程。由观察的定义可知，观察不仅是日常生活中所理解的简单地"看"，而且包括大脑的深层次加工，是大脑与感觉器官共同获取信息、加工信息的过程。观察的过程是具有一些要素的，具有这些要素的行为才能称得上是观察。观察的要素包括以下几个方面。

第一，注意。注意是指一个人的感官和思考集中在某个对象上，他所有的感知觉与动作的反应都针对这个对象发生作用。当环境中的某个事物吸引了人的注意，引发了他的好奇，而他一时又无法找到原因，这时他就会产生获取更多信息来了解这一事物的想法，于是观察的开始——注意便产生了。

第二，对象与背景。前面所说的被引起注意的事物就是对象，而其他同时存在但并不被注意的事物就是背景。虽然背景并不被人密切注意，但是它确实存在。人所注意的对象也不是孤立地存在于环境之中，而是和背景有着相互影响的作用。

第三，主动参与。人的内在动机、情感及价值判断对观察活动的参与就是主观参与。个人的内在动机、情感及价值判断都会因人而异。虽然在观察时段保持客观性十分重要，但人的主观性是难以克服的，因为主观性是个性的核心部分，不可能轻易丢弃或改变。当然，我们不能把主观参与看作不好，因为主观参与可以增强个人观察的动机，并通过推测、分析、归纳，使客观的事实不停留在琐碎的状态。

第四，判断和结论。在观察进行过程中，根据客观事实和主观的想法，给予客观对象一个意义，这便是判断。每个观察都应该有判断，没有判断的观察不是完整的观察，充其量只能说是感知而已。观察的判断可能是观察过程中暂时有待验证的想法，也可能是最后的结论。

教师的观察是指教师在一个意义单元内收集有意义的信息的过程。一般而言，教师的观察行为具有以下五个特征：①以意义单元为单位。②收集有意义信息的过程。③能动的建构过程。④具有变化性。⑤具有单向性。

教师的观察能力是指教师对周围事物，主要是对教育对象由外表到内心的认识能力。

（二）国内外相关研究综述

1. 关于教师观察的价值研究

通过阅读国内外的相关研究，关于教师观察价值的研究非常多。王烨芳明确指出，教师观察有利于了解儿童的行为和行为变化促成儿童达到发展目标，理解儿童的需要。朱滢瑕总结了观察的三点价值，即了解幼儿的经验、理解幼儿的心理需要以及了解幼儿的能力发展差异，并提出，观察幼儿是促进教师专业化发展的手段之一。施燕和韩春红更进一步提出了"观察是成为一名真正的反思型教师的基础"的观点。从诸多研究中可以看出，教师观察的价值主要体现在三个方面：一是提高幼儿教育质量。二是提高教师素质与专业水平。三是有利于客观评价幼儿发展的过程。

2. 关于教师观察行为实施的现状研究

通过阅读前人的研究可以看出，观察是一直被高调提及、却很少被真正实践的重要能力。"在'幼儿园教师素质及其影响因素'课题的调查中发现，87%的教师认为自己不太会观察并为此感到苦恼。"王小兰指出，幼儿观察记录的方法存在指向模糊化、结构不完整、形式单一化的问题。徐行对幼儿教师的观察能力做了问卷调查，调查结果显示，老师们的观察随意性太强，缺乏计划性和目的性。王艳云也指出，许多教师还不太会观察幼儿，观察的意识和技能不强，观察目标不明确，往往捕捉不到有教育价值的关键信息，也不太会对观察到的信息进行分析，因而很难根据观察到的信息制订教育计划组织教育活动。

我发现虽然较多文献为我们呈现出教师观察幼儿行为存在的各种问题，却没有为我们找到解决这些问题的具体操作方法，换句话说，没有明确的理论框架或实践指导手册指导教师观察幼儿。

3. 关于教师观察策略和观察方法的研究

我在网上分别以"教师观察""观察行为""了解幼儿""教师观察幼儿"为主题进行检索，在近5年的文献搜索中共得到900多条结果，对这些研究进行浏览后发现，观察主要被当作一种教育研究方法，指的是收集非语言行为资料的初步方法。近年来，这种情况似乎有了一定的变化，有的学者逐渐注意到了教师观察的重要性，但大部分研究是从旁观者的角度进行的；观察的策略研究都是从宏观的、从比较大而抽象的角度来阐述，没有具体运用某一个理论对幼儿教师的观察行为进行引领和指导，对于一线教师来说，以往的文献研究缺乏针对性和操作性。但是以"《3—6岁儿童学习与发展指南》"与"观察"共同作为检索词进行检索时检索到一篇研究，这篇研究为我们提供了很好的参考，提出了运用《指南》进行研究的策略，我想在此基础上进行实践，建立以《指南》为理论依据的观察与发展常模，在教育实践中探索提升教师观察能力的方法。

四、课题研究的主要内容

（一）研究对象

研究者所在幼儿园的教师的观察行为及观察能力的发展。

（二）研究主体

本课题组的成员以及她们选择的同伴教师。

（三）研究内容

（1）观察儿童的意义。从价值观上认同观察的重要性，培养教师的观察意识，调动教师观察的主动性和积极性。

（2）发现我们在观察中存在的问题。明确自己存在的问题，找到解决问题的方法，提高教师的反思能力，从而实施更有效的观察。

（3）如何以《指南》为依据制订观察计划并实施有效的观察。提高观察的目的性和计划性，实现自身发展的要求。

（4）如何运用《指南》建立观察与发展的常模。在建立常模的过程中，熟悉《指南》中各年龄阶段幼儿的发展特点，领会《指南》的精神。

（5）如何利用观察资料来设计和实施适宜的教育活动。解决观察与实施教育活动两张皮的问题，提高教师分析解读幼儿行为的能力，让教师在运用观察材料的过程中，更加了解幼儿的年龄特点和个体差异，并能根据幼儿的不同特点实施适宜的教育，为幼儿提供适宜的帮助，提高教师设计活动和指导幼儿活动的能力。

五、课题研究的思路与方法

（一）研究思路

通过观察和访谈寻找到老师的问题—聚焦解决问题的办法—以《指南》为依据进行有效的观察—定期进行探讨、反思、总结存在的问题—认真研读《指南》，再次回到实践中检验—在观察中实现教师和幼儿的共同成长。

（二）研究方法

观察是人的感觉器官直接感知事物并且伴随大脑进行积极思维的过程。而教师观察是指教师运用感觉器官能动地对一个意义单元内的现象进行感知描述，收集到有意义的信息的过程。因此，教师观察了解幼儿是一个较为内化的过程，基于这一点，本研究采用访谈法、问卷调查法、文献法、观察法、记录法、案例研究法、文本分析法等研究方法（见表1-1）。

表1-1 研究阶段及主要研究方法

研究阶段	课题准备阶段	课题实施阶段	总结整理阶段
主要研究方法	访谈法 问卷调查法	观察法 记录法 案例研究法	文本分析法 文献法

访谈法：为了了解山东省博兴县教师对幼儿观察的现状是否有观察的依据，我对部分教师进行了访谈。访谈结束后，我将访谈录音导出，形成文本材料。

问卷调查法：为了了解我县教师的观察是否具有主动性，是否进行有目的、有计划的观察以及观察中存在的主要困惑等问题，我在全县骨干教师培训时进行了问卷调查。

文献法：检索中外有关观察方面的文献，研读有关观察记录的教育专著，并进行比较研究。收集和分析不同的方法、策略，对共同的问题进行深入的诊断和分析。

观察法：是指研究者根据一定的研究目的、研究提纲或观察表，用自己的感官和辅助工具去直接观察被研究对象，从而获得资料的一种方法。本课题的研究主要是采用观察的方法，同时博兴县学前名师组也对教师如何观察幼儿进行了观察，发现了教师在进行观察时存在的一些问题。

记录法：我们在课题研究中主要运用的是记录法，记录法是对被测者在工作中的行为事件进行观察、记录、分析，从而判断其内在素质的方法。

案例研究法：本课题在研究过程中，为了提高教师的观察记录能力，主要采用了案例研究法，就是将教师观察记录的案例作为研讨的主要内容，大家围绕案例进行深度剖析，从而提高教师观察记录及分析问题的能力。

文本分析法：观察离不开记录，因此在课题研究过程中，我让老师们有计划地进行了观察案例的记录、学习心得的撰写等工作。在本次研究中，共收集整理近500份教师的观察案例，83份教师的学习笔记和学习心得，并对这些文本进行了分类整理和分析。

六、课题研究的过程

（一）聚焦问题，直面困惑

1. 分析文本，找出存在的共性问题

既然要把问题当作课题研究来做，就要有做研究的样子，确定了研究课题之后，我们成立了核心课题组，制订了课题研究方案，根据课题研究方案，首先进行了调查研究。我利用下乡镇督导检查的机会，随机从全县收集了125份教师观察记录，又从我园教师之前的观察记录中抽出了75份，对这200份观察记录进行了分析，通过文本分析发现了以下问题。

（1）随机选取的200份观察案例全都没有观察目的和观察目标，也就是说观察没有目的性。

（2）76%的案例对幼儿行为表现的描述，都是教师主观性的描述，不能翔实记录幼儿当时的语言、动作、操作等具体的行为表现。

（3）92%的教师在对幼儿行为进行分析时，带有猜测和主观的判断，没有任何的理论依据。例如，在分析幼儿行为时经常出现的词语是我想、我觉得、我认为、我总结等主观性词语。

（4）70%的教师提出的支持策略笼统，没有针对性。

（5）如果观察到幼儿不良的行为表现时，教师们会想到改变和纠正的方法；如果观察到幼儿的优点时，支持和推动幼儿进一步发展的策略几乎很少。

从以上文本分析中发现的问题可以推断出，教师观察的现状是：从来没有制订过观察计划；观察基本都是随意的、无目的的；用到的观察方法也非常单一；从来没有进行过连续、有效的观察；不知道如何从观察中判断幼儿的发展水平；更不知道如何运用观察为幼儿提供适宜的课程和帮助及指导。

简单地说，教师们从来没有对观察进行过研究，平时的观察多是对幼儿趣事、糗事等的记录。

2. 发放调查问卷，探求问题存在的原因

根据以上问题，我设计了一份调查问卷，问题涉及教师的第一学历、是否进行过观察培训、是否阅读过有关观察的书籍、如何进行观察记录的分析、如何利用观察到的资料等问题，目的是探求存在以上问题的真正原因。这次调查问卷是在全县幼儿园骨干教师培训会议前发放的，共发放了200份问卷，收回了有效问卷144份，通过对大家的问卷进行分析，归纳出以下原因。

客观原因：

（1）条件性知识的缺乏。教师第一学历低，75%的教师毕业于职业技术学校，一般是在校学习1~2年之后就开始进入幼儿园实习，知识结构缺失，几乎没有接触过有关研究方面的知识内容，后学历的进修学习也没有很好地补充，有学历，无学识。

（2）没有观察的依据和常模。

（3）81%的教师都表示没有参加过如何进行观察方面的知识培训。

（4）工作太琐碎、太忙，没有时间静下心来观察。

主观原因：

（1）75%的教师没有阅读过有关观察方面的书籍。

（2）缺乏自我学习和做研究的能力。

从以上分析可以看出，无论是主观原因还是客观原因，都显示我们的教师缺乏对观察系统的培训、学习和研究，虽然有99%的教师都表示有观察幼儿的习惯，但观察能力确实制约着教师观察的有效性，制约着教师的专业发展。

（二）学习理论，提高认识

虽然我们进行的是实践研究，但最不能缺乏的就是理论指导，我们之前的观察之所以出现零作用，就是我们不知道为什么要进行观察，不知道如何观察，不会进行分析，缺乏理论学习和认识。发现了问题之后，我们做的第一件事就是进行理论的培训和学习，目的是通过理论学习，明确观察的意义和目的是什么，通过观察我们可以获得什么。

没有机会参加系统的理论培训，我们就自己创造机会来带领大家学习，共同阅读成为我们丰富自己理论认知的最好办法，我向大家推荐了《观察：走近儿童的世界》《〈3—6岁儿童学习与发展指南〉解读》《幼儿行为的观察与记录》《解读儿童案例精选》等书籍。为了提高学习的有效性，在进行文献学习的过程中，我们提倡大家记录自己的心得和反思，以求让大家在这一过程中提升理论素养，在思想上达成共同的认识，认识到观察的价值和意义，从而激发自身主动观察的愿望。

例如，王丽娜老师在第一次阅读完《观察：走近儿童的世界》这本书后，写道："在阅读这本书之前我是懵懂的，在观察幼儿的活动时，我经常会不自觉地记录下幼儿活动的结果，而忽略了行为发生的完整过程，从而会遗漏很多有价值的行为；很多时候我们书写观察案例或者观察记录，是为了交差。因为自身缺乏观察幼儿的能力，对教育中的种种细节不能进行有效的观察，究其原因就是我对进行幼儿观察的基本方法、类型与步骤等知识是不熟悉的。

"在阅读中我豁然开朗，我明白了教师观察并不是盲目地、随意地看着幼儿，而是要有目的、连续地观察和记录幼儿的行为语言。在观察前首先应根据游戏开展的程度和幼儿的能力差异选择适宜的观察角度进行观察，以获取有用的价值的信息，然后分析问题和解决问题。另外观察也不是'打一枪，换一个地方'，还需要连续进行观察，深入观察记录幼儿的游戏行为，同时为更好地指导、评价和推动幼儿发展做好准备。

"阅读后我懂得了，观察儿童能够帮助我们更加清醒地意识到儿童的个体需要，能够在经验的基础上积累和丰富知识，能够敏感并准确地观察和评价儿童的学习与发展，进而设计出适宜的活动。"

再如，高佳老师在阅读后写道："通过阅读《观察：走近儿童的世界》这本书，我明白了为什么说观察能力是幼儿教师必备的专业素质，因为观察是教师用以收集幼儿资料、分析教育方法，从而有效地促进幼儿学习和改进教学效果的基本途径。通过观察，我可以获得有关幼儿发展与教育的实践知识，优化自身的知识结构，促进自身的教学反思，从而提高自己的专业能力。我深刻地明白，作为一名幼儿教师，我只有在充分观察及了解幼儿的现有发展水平、行为特点、兴趣爱好的基础上，才能设计出符合幼儿年龄特点与学习需要的教育活动，并在活动过程中根据幼儿的表现及时调整，从而保证教育活动的适宜性和有效性。"

通过学习、交流、分享，我们首先在认识上达成共识，明白了观察的价值及意义，知道了观察的最终目的，就是要明确和接受幼儿间的个体差异，同时能够针对每个幼儿的特点实施有计划、有针对性的活动，促进每一个幼儿富有个性地发展。

通过学习各种文献，我们还进一步明确了理论与实践之间的关系。

（1）如果我们能够在理论与实践之间建立联系，就证明观察者对儿童如何学习和发展有了正确的理解。将理论和实践相结合，能够使实践者设计出有助于幼儿发展与获得新知识、新技能的适宜活动。

（2）对比各种理论观点并不必然意味着其中一种是正确的而其他是错误的，目的是通过对比分析这些理论和以前的观点以及自己对儿童需要的专业判断，使我们能够确定促进儿童发展的最适宜的课程和行动。

（三）学习指南，建立常模

通过对教师们的观察记录进行分析和开展座谈，我发现我们之前的观察之所以是零散、无序的，主要原因是我们对幼儿的发展评价缺乏一个可以进行比对的常模，我们无法明确、快速地从中判断幼儿的发展水平和发展方向，但是《指南》给我们提供了一个明确的参考。于是我们将《指南》中幼儿各领域的发展目标按年龄段进行了整理，建立了一个幼儿发展常模，这样，我们在实施观察的时候就可以根据这一常模制订观察计划、确定观察目的，实施有效的观察，对观察时收集到的数据也可进行比对，了解幼儿的发展水平，评价幼儿发展上的进步或滞后，预测在幼儿发展过程中下一步会发生什么，帮助我们为幼儿提供发展适宜性的活动，以满足他们的个体需要，促进他们的进步（见表1-2）。

表1-2　3~4岁幼儿发展常模

维度	发展情况
身体状况	1.身高和体重适宜。参考标准：男孩，身高为94.9~111.7厘米；体重为12.7~21.2公斤。女孩，身高为94.1~111.3厘米；体重为12.3~21.5公斤。 2.在提醒下，能自然坐直、站直。 3.情绪比较稳定，很少因一点小事而哭闹不止。 4.有较强烈的情绪反应时，能在成人的安抚下逐渐平静下来。 5.能在较热或较冷的户外环境中活动。 6.换新环境时情绪能较快稳定，睡眠、饮食基本正常。 7.在帮助下，能较快适应集体生活

维度	发展情况
动作发展	1.能沿地面直线或在较窄的低矮物体上走一段距离。 2.能双脚灵活交替上下楼梯。 3.能身体平稳地双脚连续向前跳。 4.分散跑时能躲避他人。 5.能双手向上抛球。 6.能双手抓杠悬空吊起10秒左右。 7.能单手将沙包向前投掷2米左右。 8.能单脚连续向前跳2米左右。 9.能快跑15米左右。 10.能行走1公里左右（途中可适当停歇）。 11.能用笔涂涂画画。 12.能熟练地用勺子吃饭。 13.能用剪刀沿直线剪，边线基本吻合
生活习惯与生活能力	1.在提醒下，能按时睡觉和起床，并能坚持午睡。 2.喜欢参加体育活动。 3.在引导下，不偏食、不挑食，喜欢吃瓜果、蔬菜等新鲜食品。 4.愿意饮用白开水，不贪喝饮料。 5.不用脏手揉眼睛，连续看电视等不超过15分钟。 6.在提醒下，每天早晚刷牙、饭前便后洗手。 7.在帮助下，能穿脱衣服或鞋袜。 8.能将玩具和图书放回原处。 9.不吃陌生人给的东西，不跟陌生人走。 10.在提醒下，能注意安全，不做危险的事。 11.在公共场所走失时，能向警察或有关人员说出自己和家长的名字、电话号码等简单信息
倾听与表达	1.别人对自己说话时能注意听并做出回应。 2.能听懂日常对话。 3.愿意在熟悉的人面前讲话，并能大方地与人打招呼。 4.基本会说本民族或本地区的话。 5.愿意表达自己的需要和想法，必要时能配以手势动作。 6.能口齿清楚地说儿歌、童谣或复述简短的故事。 7.与别人讲话时知道眼睛要看着对方。 8.说话自然、声音大小适中。 9.在成人的提醒下使用恰当的礼貌用语
阅读与书写	1.主动要求成人讲故事、读图书。 2.喜欢跟读韵律感强的儿歌、童谣。

第一篇 课题研究

维度	发展情况
阅读与书写	3.爱护图书、不乱撕乱扔。 4.能听懂短小的儿歌或故事。 5.会看绘画书，能根据画面说出图中有什么、发生了什么事等。 6.能理解图书上的文字是和画面对应的，是用来表达画面意义的。 7.喜欢用涂涂画画表达一定的意思
人际交往	1.愿意和小朋友一起游戏。 2.愿意与熟悉的长辈一起活动。 3.想加入同伴的游戏时，能友好地提出请求。 4.在指导下，不争抢、不独霸玩具。 5.与同伴发生冲突时，能听从成人的劝解。 6.能根据自己的兴趣选择游戏或其他活动。 7.为自己的好行为或活动成果感到高兴。 8.自己能做的事情愿意自己做。 9.喜欢承担一些小任务。 10.长辈讲话时能认真听，并能听从长辈的要求。 11.身边的人生病或不开心时表示同情。 12.在提醒下，能做到不打扰别人
社会适应	1.对群体活动有兴趣。 2.对幼儿园的生活好奇，喜欢上幼儿园。 3.在提醒下，能遵守游戏和公共场所的规则。 4.知道不经允许不能拿别人的东西，借别人的东西要归还。 5.在提醒下，能爱护玩具和其他物品。 6.知道和自己一起生活的家庭成员及他们与自己的关系，体会到自己是家庭的一员。 7.能感受到家庭生活的温暖，爱父母，亲近与信赖长辈。 8.能说出自己家所在街道、小区（乡镇、村）的名称。 9.认识国旗，知道国歌
科学探究	1.喜欢接触大自然，对周围的很多事物和现象都感兴趣。 2.经常问各种各样的问题，或好奇地摆弄物品。 3.对感兴趣的事物能仔细观察，发现其明显特征。 4.能用多种感官或动作去探索物体。 5.认识常见的动植物，能注意并发现周围的动植物是多种多样的。 6.能感知和发现物体与材料的软硬、光滑及粗糙等特性。 7.能感知和体验天气对自己生活与活动的影响。 8.初步了解和体会动植物与人们生活的关系
数学认知	1.感知和发现周围物体的形状是多种多样的，对不同的形状感兴趣。 2.体验和发现生活中很多地方都用到数。

维度	发展情况
数学认知	3.能感知和区分物体的大小、多少、高矮、长短等方面的特点，并能用相应的词表示。 4.能通过一一对应的方法比较两组物体数量的多少。 5.能手口一致点数5个以内的物体，并能说出总数，能按数取物。 6.能用数词描述事物或动作，如"我有4本图书"。 7.能注意物体较明显的形状特征，并能用自己的语言描述。 8.能感知物体基本的空间位置与方位，理解上下、前后、里外等方位词
感受与欣赏	1.喜欢观看花草树木、日月星空等大自然中美的事物。 2.容易被自然界中的鸟鸣、风声、雨声等好听的声音所吸引。 3.喜欢听音乐，或观看舞蹈、戏剧等表演。 4.乐于观看绘画、泥塑或其他艺术形式的作品
表现与创造	1.经常自己哼唱或模仿有趣的动作、表情和声调。 2.经常涂涂画画、粘粘贴贴并乐在其中。 3.能模仿学唱短小歌曲。 4.能跟随熟悉的音乐做身体动作。 5.能用声音、动作、姿态模仿自然界的事物和生活情景

（四）制订计划，明确方向

学习了《指南》，建立了常模，明确了观察的价值和意义，我们开始带领大家制订学期观察计划，目的是让大家在这一过程中更加明确幼儿在发展过程中可能出现的问题。在完成了上述工作之后，我就开始指导所有参与课题研究的老师，以《指南》为参考，根据各班实际情况和《指南》的要求，制订了一学期的观察计划，目的是让大家进一步明确"我要观察什么？怎样观察"，让大家先给自己一个明确的观察导向，再从中确定自己要观察记录的内容。某小班教师的学期观察计划见表1-3。

表1-3 某小班教师的学期观察计划

可观察领域	周观察内容	观察重点
9月——社会领域： 人际交往和社会适应	第一周：在指导下，不争抢、不独霸玩具。 第二周：能与同伴友好相处。 第三周：喜欢承担一些小任务。 第四周：在提醒下，能遵守游戏和公共场所的规则	1.针对具有破坏性行为幼儿的观察分析。 2.集体活动时，幼儿是否能遵守规则，不遵守规则的原因是什么。 3.对于老师布置的任务，幼儿是否能积极完成

可观察领域	周观察内容	观察重点
10月——社会领域：人际交往和社会适应	第一周：在提醒下，爱护玩具和其他物品的行为观察。 第二周：愿意和小朋友一起游戏。 第三周：自己能做的事情愿意自己做。 第四周：长辈讲话时能认真听，并听从长辈要求	1.自主游戏时，是否能主动参与到游戏中。 2.活动结束后，是否主动把自己的小椅子摆放整齐
11月——健康领域：动作发展、生活习惯与生活能力	第一周：手的动作是否灵活协调。 第二周：在引导下，不偏食、不挑食。 第三周：能将玩具和图书放回原位。 第四周：是否具有自我保护能力	1.对幼儿使用餐具的能力（分指拿、一把抓）的观察指导。 2.幼儿是否有挑食现象，原因是什么。 3.玩完玩具后，是否能在老师的提醒下，将玩具放回原位
12月——健康领域：生活习惯与生活能力	第一周：在提醒下，按时睡觉和起床，并坚持午睡。 第二周：愿意饮用白开水，不贪喝饮料。 第三周：知道饭前便后洗手。 第四周：在教师的帮助下，能穿脱衣物和鞋袜	1.幼儿是否有良好的午睡习惯？不午睡的原因观察分析。 2.如厕后，幼儿是否主动洗手，洗手时玩水的原因观察分析。 3.幼儿学习穿脱鞋子的观察指导
1月——语言领域：倾听与表达以及阅读与书写准备	第一周：能在提醒下使用恰当的礼貌用语。 第二周：愿意表达自己的需要和想法。 第三周：能听故事、看图书。 第四周：能口齿清楚地说儿歌、童谣或复述简短的故事	1.早上入园和下午离园时，幼儿是否会正确使用礼貌用语。 2.幼儿是否喜欢看书，翻阅图书是否正确。 3.口齿不清的幼儿的观察指导

观察是我们了解、认识、发现儿童的最基本途径，有效观察是达到这一目的的前提，要想让观察有效，我们必须在观察之前做好充分的准备。在带领教师完成了表1-3的学期观察计划之后，我还带领教师一起学习如何制订具体的观察计划，明确每次观察之前应该做好哪些准备。这样就解决了不知道观察什么、如何观察的问题。很多文献也提供了具体的观察计划内容，我们根据自己的实际，确定了一份具体的观察计划表（见表1-4）。

表1-4 观察计划表

观察目的	观察目的是对你将要观察什么和完成什么的表述,是观察的全部意图。目的应该比较宽泛,应该能够呈现你想要了解更多的儿童的发展领域
观察目标	观察目标是对你要观察或评价的具体技能或能力的陈述。它是一种具体的目的,通常是可测量的
观察者	谁进行观察
观察对象	观察谁
观察方法	根据我们的实际,我们在进行观察的时候主要以事件记录的方法为主
观察时间	根据我们的实际,为了老师更好地实时操作,我们选择在区域活动幼儿游戏时进行观察
计划拟订人	签名: 年 月 日

(五)实施观察,实践研究

在各项工作准备就绪之后,教师们就开始有计划地观察。观察是随时随地发生的,但是并不要求教师都写成观察记录,我们只要求教师按计划每两周上交一篇观察记录。

为了保证课题研究的有效进行,学期初我们制订计划的时候,就把课题研究与教研活动有效地结合在一起,双周的教研活动围绕"观察案例分享与研讨"展开。(当第一次我把大家的观察记录收集上来之后,我就有一种严重的挫败感,我本以为通过理论培训和以上几个方面的铺垫,我们的观察研究会很顺利,可当我看到观察记录的时候,发现还是有很多问题)根据我们存在的问题,我立即把"案例分享与研讨"调整为"案例诊断",具体操作方法如下。

第一环节:所有案例首先交互传阅,提出存在的问题。

第二环节:大家确定一篇典型案例作为深度研讨的案例,然后根据《指南》共同进行分析、解读、修改和调整,目的是在这种深度的探讨和诊断中,帮助教师尽快掌握观察与分析的方法,提升自己的专业水平,虽然这一过程进行得很艰难,但我们一直在坚持,这也是我们主要的研究方法。

例如,第一环节,剖析案例存在的问题。

观察记录:幼儿园某老师

评析与批注:白桂云

观察记录及评析与批注

观察者姓名：某老师　　　儿童姓名：shy

观察日期：2018年11月28日

儿童的准确年龄：4周岁5个月

儿童的性别：女

观察开始的时间：上午9：00

观察结束的时间：上午9：30

使用的方法：描述

观察目的：语言领域中幼儿是否具有书面表达的愿望和初步技能。

观察目标：幼儿是否愿意用图画和符号表达自己的愿望与想法。

评析与批注1：从观察目的看，教师是想重点观察幼儿语言领域书面表达能力和表达愿望的发展情况；从观察目标看，这位教师的表达更侧重于艺术领域的目标。（注：《指南》中幼儿艺术领域和语言领域都有这一目标的描述，因为幼儿的发展本身就是一个整体，各领域目标可以互相渗透，关键是教师要明确自己的观察侧重于哪一方面。）

观察资料描述：

今天的活动课是马路上的汽车，课后延伸活动是让孩子画我心目中未来的汽车，孩子们各抒己见，都想到自己最喜欢的汽车模样，这时听到shy说"老师，我不会"，并边说边摇头。我轻轻地走到她面前，引导她回想马路上看到的汽车长什么样，有几个轮胎、几个车门、几块玻璃、几个方向盘等，她都能一一回答下来，我就说："那就开始画吧！"可是当我巡视一遍回来时，她还是没有下笔。

评析与批注2：教师记录描述的内容概括性太强，应该详细地记录自己与幼儿之间的对话，幼儿的表情、动作等，这样才能从中获取有价值的信息；从教师记录的内容来看，她已经偏离了观察目标。

原因分析：

1.幼儿方面

（1）想象力较差，缺少生活经验，自主搭配方面的能力较弱，而且缺乏一些绘画的基础技能。

（2）不自信，不敢下笔。

评析与批注3：教师分析原因的主观意识太强，教师是如何判断幼儿想象能力差的？教师是如何判断幼儿不自信的？这些与幼儿不能很好地用图画表达自己的想法有什么关系？在分析过程中，教师都没有提出实践和理论方面的依据。

2.家庭方面

父母对于绘画方面不够重视，关注不到位，从小没有培养幼儿的涂鸦能力。

评析与批注4：教师又是如何将幼儿的这一表现与家庭中父母不重视绘画联系起来的？从教师的描述可以看出，教师的分析已经与她所制定的目标相差甚远，或者说已经忽略了观察目标，随意性太强。

支持策略：

（1）鼓励幼儿将自己感兴趣的事情或故事画下来并讲给别人听，让幼儿体会写写画画的方式可以表达自己的想法和情感。

（2）把幼儿讲过的事情用文字记录下来，使幼儿知道说的话是可以用文字记录的。

评析与批注5：这两种支持策略是可以帮助幼儿用图画或符号记录自己想法的，但教师没有分析自身方面的原因和幼儿不能表达的真正原因；教师应该考虑如何为幼儿在现实与未来之间架起想象的桥梁，如何为幼儿提供支持和帮助。

（3）不管幼儿的想法是否正确，都要对幼儿给予肯定。

评析与批注6：此段描述可以反映出教师的教育观念有待商榷，难道只要是幼儿的想法，不管对错都要肯定吗？

（4）注意随机教育，培养幼儿的自主性。在幼儿园一日活动中，处处都包含自主性教育的内容，以丰富幼儿的生活经验。

（5）做好家园联系和交流工作，确保教师和家长思想、行为的一致性。

（6）在活动中要鼓励幼儿多练习，对于幼儿的进步要及时表扬，从而调动幼儿参与活动的积极性。

评析与批注7：这几条措施描述得太笼统，缺乏针对性和实效性。

案例部分内容前后修改的对比见下表。

案例部分内容前后修改的对比

有关幼儿行为分析修改的前后对比		
修改前	修改意见	修改后
小班孩子特别爱模仿，同时已经开始慢慢地度过了独自游戏阶段，开始关注到同伴，有了同伴需求。 小班孩子能够清楚地向同伴表达自己的想法，可见，小Z的语言发展较好	老师对幼儿行为的分析与其行为联系不大；缺少理论依据，主要是自己的主观判断	依据《指南》分析：小班幼儿对集体生活感兴趣，根据案例中小Z的表现，说明他的社会适应能力还是比较强的。 依据《指南》分析：小班幼儿愿意表达自己的需要和想法，必要时配以手势动作。可见，小Z在语言表达方面发展得不错
有关案例记录描述修改的前后对比		
修改前	修改意见	修改后
最近，我发现班里的孩子特别浮躁，外在的表现就是没有"安静倾听"的好习惯，不管是在听老师还是他人讲话时，都喜欢争相发表自己的意见。记得有一次，我在教学活动时，当我说"大家用水这个字来组一个词"时，话没说完，A小朋友说："老师，我知道，水滴。"他话音未落，C小朋友争先恐后地说"水牛"，W小朋友说"口水"，G小朋友说"汗水"……孩子们一声高过一声，我不得不停下课，听他们吵吵嚷嚷。几分钟过去了，他们才渐渐停下来，我问幼儿："你们听清楚别的小朋友说的话了吗？"他们都说没听清楚	记录事件的过程时要把握翔实、客观的原则，而这位老师在记录时掺杂了自己的主观判断；另外，记录要注意孩子的表情及肢体语言，尽量完整地描述当时的情景	今天在集体教学活动时，当我说"大家用水这个字来组一个词"时，我的话没说完，A小朋友急切地抢先说："老师，我知道，水滴。"他话音未落，C小朋友急着起来小手指向我说："水牛。"W小朋友、G小朋友相继大声喊道："汗水""口水"……孩子们一声高过一声，我不得不停下课，听他们吵吵嚷嚷。几分钟过去了，在我不断的提醒与要求下，他们才渐渐停下来。我问孩子们："你们听清楚别的小朋友说的话了吗？"他们的声音逐渐弱下来，"没——听——清楚"

七、课题研究的成效

（一）资源共享初见成效

（1）通过课题研究，我们清醒地认识到课题研究是一个阶梯，是一个可以提高我们专业性的阶梯，是一个提升自己、追求成功的阶梯，我们课题组成员虽然都不是天资聪颖之人，但我们认真、努力，我们将平时的过程资料进行了整理，从近500篇教师的观察案例中选择50篇汇编了教师观察记录《发现你遇见美好》；把教师在学习、培训、研究过程中的心得和体会汇编成了教师成长故事《走近你成长了我》，另外，我们还汇编了部分教师的幼儿成长报告及一些案例研讨的材料等，这些材料虽然都很稚嫩，或许还存在这样或那样的问题，但这是我们整个研究过程的缩影，是我们努力的见证，在课题研究的过程中，我们一边收获，一边成长。

（2）我也从研究中受到很多启发，从青年教师成长、区域材料投放、小课题研究、观察研究等方面进行取材，撰写了多篇论文，并有多篇论文在省级以上刊物发表，这些都是我成长的见证。

（二）指引方向形成标准

在进行课题中期考核时，导师组的教师提出，应该形成一个评价标准，用以评价教师的观察，并用数字记录教师观察的情况，从而更加准确地记录课题研究的成效。听取了专家的意见，中期课题考核完成之后，我就以县名师教研组为依托，组织大家制定教师观察记录的评价标准。我们以引导大家规范、有效地进行观察为目的，以提高大家的观察、记录、解读幼儿表现的能力，反思自己的行为为目标，发挥评价标准自我核对、找出差距、发现问题、明确方向、提高观察能力的功能，经过三次修改和多次征集教师们的意见，最后形成了我们的观察评价量表（见表1-5），旨在引导大家运用量表进行自我评价和他评，以提高自身的观察能力。

表1-5 观察评价量表

内容	评价标准	等级			
		优	良	中	差
观察目的	1.目的明确				
	2.目的表述清晰				
观察目标	1.目标制定具体，有针对性				
	2.可操作性强				
观察记录	1.能客观地、实事求是地记录当时发生的情况，并描述幼儿讲话时的语气、语调、音量和表情等				
	2.记录具体、详细，能抓住有价值的信息，不忽视细节，无泛泛而谈				
	3.未加入自己的主观意愿或想法，不做解释，不做评价，不带有个人成见				
	4.合理地使用副词和形容词				
行为分析	1.能够掌握不同年龄段幼儿的行为特点和心理特点				
	2.能科学地解读幼儿的行为，分析准确、全面				
	3.能运用科学方法及时处理幼儿的个性化需求				
	4.能科学评价幼儿和干预策略的有效性				
教师反思	1.做出决策：孩子遇到了问题，我该干预吗				
	2.选取方法：我该采取什么方法介入				

（三）观察能力提高显著

观察评价量表除去发挥导向性的作用外，还有一个重要的作用就是评价功能，为了检测研究的成效，我们每月都会组织课题组的教师对教师的观察记录进行评价，为此，我们还专门制定了教师观察记录评价统计表，见表1-6。

表1-6 教师观察记录评价统计表

次数	等级														
	观察目的			观察目标			观察记录			行为分析			教师反思		
	优	良	中	优	良	中	优	良	中	优	良	中	优	良	中
1	3%			5%			8%			3%			0		
2	18%			20%			37%			20%			18%		

次数	等级														
	观察目的			观察目标			观察记录			行为分析			教师反思		
	优	良	中	优	良	中	优	良	中	优	良	中	优	良	中
3	37%			37%			55%			33%			40%		
4	50%			53%			70%			38%			38%		
5	63%			68%			75%			45%			60%		
6	75%			78%			88%			55%			65%		
7	80%			85%			88%			65%			70%		

注：取样人数40人。

从表1-6的统计可以看出，教师整体的观察记录的水平呈逐月上升的趋势，这说明教师的观察能力在研究中不断地提高。观察能力提高最明显的是观察记录部分，也就是说，在研究过程中教师收集记录有效信息的能力得到了很大的提高；观察目的和观察目标制定的能力的提高也较明显，这说明教师越来越了解幼儿，也越来越了解自己，能够有效地制订观察计划，明确了自己要观察什么；教师的反思能力也有很大的提升，说明教师在观察中开始有意地反思自己的教育行为，这是一个可喜的进步，结合教师的文本和平时的表现，惊喜地看到，在游戏活动中，教师会有意识将幼儿放在主体地位，开始注意到幼儿的个体差异，能根据幼儿的需要实施有效的指导，不再以自己的主观判断为主；而教师的行为分析能力还有待提升，这是我们的弱项，从统计数据中可以看出，教师分析幼儿行为的能力在逐渐提升，开始试着去分析、读懂幼儿的行为，只是运用相关理论进行分析还很难，这也是我们今后要努力的方向。

（四）悄悄转变不断成长

在课题研究的过程中，教师的观察能力得到提高的同时，其他各方面的能力也在不断提高，这是我们研究本课题的最大收获，也是在课题研究之初未曾预想到的，主要体现在以下几个方面。

1. 个人修养得到提高

"德高为师，身正为范"，教师的工作是育人，教师的个人修养决定了他

的工作态度、付出和工作中的表现，学前阶段的孩子年龄尚小，他们的学习还是以模仿为主，教师的言行会对孩子产生重要的影响，《标准》对幼儿教师的个人修养和行为也提出了特殊的要求。走近才会了解，了解才会爱，观察带领教师走近孩子，走进孩子的内心，发现童心、童趣，这会激发教师对幼儿的爱，对教育事业的爱。同时坚持观察，还让教师逐渐养成了良好的习惯。

例如，王倩老师在进行了一年多的观察后写道："认真观察让我更自律了。一年多来，在白老师和教研组长的带领下，我们深入学习如何观察幼儿游戏行为以及对其行为进行分析。我努力做到每次观察都是现场记录，一开始我有点忙不过来，有时会错过一些观察内容，有时确实因为一些突发状况或者自己懒散，会在游戏结束后凭借自己的记忆进行记录，但是由于记忆模糊、容易记错等，很容易影响案例记录的准确性。慢慢地，我深刻认识到无论做什么事情，都要严于律己，不断反思剖析自我，才会不断成长，于是我给自己立下规矩，每周都坚持现场观察、记录，在观察的过程中，我会不断地反思自己的行为，不断改正不足之处，现在我已经形成了一种习惯，每当孩子们开始游戏时我就开始观察，观察让我学到了很多，观察让我越来越自律。"

2. 教育行为悄然变化

教师的教育行为受其教育观念的影响，在平时的工作中，我们虽然对教师的行为规范提出了具体的要求，但在工作中还是会出现一些不当的行为，制度、规范虽然能起到一定的约束作用，却很难从根本上改变教师的教育行为，在课题研究的过程中，在教师真正去观察、了解孩子的过程中，我们惊喜地看到了教师教育态度、教育观念和教育行为的转变。

例如，高薇老师说道："通过一年多的学习、实践、观察、反思，现在教师们的观察能力都有了提升，都能真正做到观察幼儿，走近幼儿，读懂幼儿。"

我们在游戏过程中看到如下的情景。

情景1：游戏活动开始后，小朋友们都选择了自己需要的雪花片进行拼插，这时小H也取了蓝色的雪花片，但是他并没有进行拼插活动，而是和旁边的小伙伴聊了起来，一边说一边抓起雪花片从高处撒落，又拿着两片雪花片互相碰撞，嘴巴还发出"咚咚咚"的声音。过了一会儿，他还是说个不停，没有要开始活动的意思。

以前，教师为了不让小H打扰其他小朋友，会简单、直接地制止他的行为。（教师："不要说话了，赶快插吧！"）

现在，我们会分析小H行为背后的原因，并思考怎样引导幼儿。（分析：在活动中，幼儿之间是可以交流的，但是要注意自己的声音不要影响到其他人。小H的音量有些高。《指南》中，中班幼儿要养成文明的语言习惯，能根据场合调节自己说话声音的大小。当小H聊得很起劲的时候，没有注意到自己的行为打扰到了别人，这时教师要给予提醒，把他的注意力转移到活动中。教师可以轻声提醒他："其他小朋友都开始插了，你现在想插什么呀？"）

情景2：小H拿起雪花片开始插，过了一会儿，他拼插了一辆坦克，转眼工夫他又把坦克拆了。老师走过来说："你插的坦克呢？"他说："拆了。"老师说："刚才不是说了，插完了摆放在前面吗？"他听到后，又插了一辆坦克，摆放在了前面。老师问："你想一想，公园里有坦克吗？"他说："没有。"

以前，老师会直接询问小H为什么拆了，甚至还会认为小H不听话。（教师：你怎么拆了？刚才老师说的要求，你听什么了？）

现在，我们会思考幼儿为什么会有这种表现，我们今后应该怎样帮助他。（分析：中班幼儿能明白规则的意义，并基本能遵守规则。小H在活动中对老师提的要求并没有听到，说明他的专注力不强。中班幼儿知道接受了任务，要努力完成。他们这一组的主题是"公园"，而小H在进行活动时，已经忘记了自己的任务和目标，插了自己喜欢的坦克。由此可以看出，小H的任务意识不够。）

任何一个工具，其真正价值的发挥总是基于我们采用了正确的使用方法，观察记录也是这样。在日常的教育教学过程中，幼儿教师一定要在纷繁嘈杂中潜下心来，客观、正确地使用它，让幼儿教师真正成为认识幼儿、理解幼儿的人。

3. 游戏活动的指导能力不断提高

在之前的教师培训中，我们经常讲到要把游戏活动的权利还给幼儿，要学会观察、学会等待、学会指导、学会推动，但在观察的过程中，还是会经

常发现要么以教师为主导，要么过度放任两种极端现象，教师很难找到其中的平衡，但课题研究让教师们有了些许转变。在课题研究的过程中，教师开始琢磨幼儿游戏行为背后的原因，开始思考如何提供材料推动幼儿游戏的发展，等等，观察让教师的活动指导能力不断地提高。

例如，红飞在记录中写道："当我们班的搭建游戏不成功的时候，白老师问了一句：'有没有真正地去观察孩子，有没有对孩子进行有效的指导和如何推动游戏进行过思考？'这句话一下子点醒了我，我自己确实没有真正地思考过这些问题，也没有根据观察计划去认真观察孩子。于是，在接下来的时间里，我开始认真观察孩子们的搭建活动，我一边拿着观察记录的小本本，一边看孩子们的搭建情况，根据孩子们的情况进行指导，有时还会不由自主地参与其中，三天时间过去了，孩子们会玩了，知道自己的目标了，而且还学会了协商，孩子们在进行游戏分享时，讲得头头是道。通过这次活动，我明白了观察的目的和意义，并不是一味地看着孩子玩，而是要走进孩子的内心，了解孩子真正想要的是什么，在观察的同时，我们还要关注和判断孩子的情绪变化与心理需要，适时为他们提供帮助和指导。"

4. 丰富了家园沟通的真实材料

"与家长进行有效沟通合作，共同促进幼儿发展"是家园沟通的目的，也是幼儿园教师必备的能力。观察不仅让教师学会走近幼儿，倾听幼儿的内心需求，同时还保存了大量的幼儿具体活动的事例，这样在与家长沟通的过程中，教师可以把幼儿的表现生动具体地传达给家长，并且能够提出合理的教育措施，不再是空洞地叙述，"这个孩子很聪明！""这个孩子今天表现很好！""这个孩子有点调皮！"详细的观察与记录，能帮助教师建立"专业形象"。

例如，马迪老师写道："因为有了详细且有目的的观察记录，我们与家长的交流也变得更顺畅了，内容也丰富立体了，除了有关孩子的发展外，还有他们具体的操作过程和图片记录，通过一些小细节，让家长感觉到我们的用心和专业。"

5. 评价幼儿的能力在提高

《标准》中提到，幼儿教师要关注幼儿日常表现，及时发现和赏识每个幼儿的点滴进步，注重激发和保护幼儿的积极性、自信心；有效运用观察、谈话、家园联系、作品分析等多种方法，客观地、全面地了解和评价幼儿；有效运用评价结果，指导下一步教育活动的开展。

在课题研究之前，如何评价幼儿是我们的难点，但真正地走进观察，进行观察研究之后，评价这一难题变得容易了，我们对幼儿的评价也变得客观起来，因为在课题研究中，教师开始关注幼儿的各种表现，并有意地进行记录。在课题研究的后期，我还鼓励教师试着根据自己观察到的材料撰写幼儿发展报告，试着用数据分析的方法，对健康领域的发展进行分析评价。通过观察，我们的评价能力也慢慢得到了提升。

6. 慢慢学会解读儿童

通过研读教师们的文本材料，我们惊喜地发现，教师解读儿童的能力在不断发展，从开始时的不知道怎么写到现在可以根据《指南》的相关指标解读孩子的发展，教师们不再惧怕解读孩子的行为，而是非常乐意去做，不再说"我不会"。

例如，焦芳芳老师在文本中说道："从幼儿园倡导在游戏中观察幼儿以来，我便开始了我的'观察'生涯。观察，说起来简单，没想到做起来却那么难。现在我开始以《指南》为理论依据和案例描述分析幼儿的行为，我仔细观察幼儿的搭建过程，让幼儿自行解决问题。给予幼儿自我发展的空间，学会了发现问题、解决问题，让幼儿有机会将自己的经验融入新的情境中，通过自己的探索和尝试，解决新问题，有助于养成自我解决问题的习惯。自行解决问题给幼儿提供了相互协商、学习与他人合作的机会，提高了幼儿合作学习的能力。"

7. 幼儿发展知识变得丰富

在运用《指南》分析幼儿行为的过程中，教师对《指南》中的内容越来越熟悉，对幼儿的年龄特点和各年龄阶段应该达到的目标、可能出现的行为已经熟记于心，能为幼儿在发展中出现的问题提供适宜的解决对策。

8. 养成了学习的良好习惯

之前由于各种客观和主观的原因，主动地去学习读书的老师少，在课题研究过程中，为了解决出现的各种各样的问题，我们注意引导老师去阅读，

不断地丰富自己的认知，我们经常给老师说："我们是老师，我们更是母亲，或将成为母亲，所以我们要学习，不仅是为我们身边的孩子，也是为我们自己的孩子。"通过一年多的研究，我发现老师们已经慢慢养成了读书学习的好习惯，中午午休巡视的过程中，经常看到老师们在读书学习。

例如，王翠萍老师说道："观察让我感觉到工作的踏实、真实和有趣，通过观察我走进了孩子们的内心世界，从而理解了孩子们出现各种状况的原因，我们为这类孩子制定了支持策略，在实施后孩子们的点滴进步都会给我们带来成就感。这种激进式的循环让曾经一谈案例分享就头疼的我发觉到其中的乐趣，这种乐趣推动着我不断深入探讨。每天中午、晚上读《幼儿行为的观察与记录》《指南》，养成了一天读两次书的习惯，尝到了书中的乐趣后，又读了《捕捉儿童敏感期》《幼儿园自主游戏观察与记录》《孩子你慢慢来》。总之，观察推我向专业靠拢，我离合格的幼儿教师更进一步。"

（五）辐射带动共同发展

博兴县于2015年启动了全县大教研活动，成立了三个大的教研组，2017年又在原来的基础上增加了五大片区教研，实现了乡镇各园、乡镇与县直园所、各教研组之间的相互打通，形成了研究共同体。其间，我分别担任了县游戏教研组和县名师组的组长，为了更好地让教研活动贴近教师的实际需要，改变教师的教育观念和教育行为，提升教师的专业素质，在我的建议下，2018年各教研组的活动都以观察为主线，各组选择不同区域、不同角度的观察内容，走进现场、一起观察、共同探讨如何更好地进行观察，如何更好地促进幼儿游戏的大发展。例如，片区教研和游戏教研组分别选取了户外游戏中的观察与记录、室内建构游戏中的观察与记录两个点来进行研究；名师组则分别从如何推动教师有效观察方面进行了研究。通过几个教研组的联动，在全县形成了一个研究共同体，引导全县的幼儿教师走近观察，关注幼儿的发展，关注游戏活动的推进和指导，充分发挥这一课题研究的辐射带动作用。

在每次活动开始之前，我们都会提前做好教研活动方案，发到博兴县学前教研工作群中，让大家根据教研活动方案做好准备。例如，博兴县学前名师组4月份教研活动方案和教研活动记录，见表1-7和表1-8。

表1-7 博兴县学前名师组4月份教研活动方案

研究问题	教师的观察计划和观察内容是否适宜有效	活动地点	乐安幼儿园
负责人	白桂云	活动时间	2019年4月17日
问题由来	通过前期对全县幼儿园教师的观察进行调查问卷分析，以及对乐安园教师观察记录开展研究，发现我县幼儿园教师在进行观察记录时存在的主要问题有：在实施观察时随意性强，无观察计划，或确定了计划但缺少落实方面的动力；所收集的观察内容也存在很大的随意性，收集到的有效观察信息也很少，所以如何引导教师制订观察计划，并保证观察记录内容的有效性成为我们迫切需要解决的问题		
活动前的思考及准备	思考： 1.我们为何要制订观察计划？制订观察计划应包含哪些内容？ 2.我们在制订观察计划时存在哪些困惑？ 3.如何才能保证观察记录内容的有效性？ 准备：每人准备一份教师观察计划和观察记录案例		
教研目的	1.通过案例研讨，聚焦教师在制订观察计划和进行观察记录时存在的主要问题。 2.通过教研，明确制订观察计划和实施有效观察的重要性		
活动形式	案例式研讨		
主要过程	一、理论引导 二、观察计划的案例研讨 1.对教研组成员提供的观察计划进行探讨，一一分析观察计划中存在的问题。 2.聚焦各园观察计划存在的共性问题。 3.针对观察计划存在的问题提出有效的解决办法。 三、观察记录内容的案例研讨 1.对教研组成员提供的观察记录内容进行探讨，一一分析观察记录中存在的问题。 2.聚焦各园观察记录存在的共性问题。 3.针对观察记录存在的共性问题提出有效的解决办法。 四、主持人进行总结提升		
资源呈现	案例修改文本、图片等		
人员分工	1.活动主持：白桂云。 2.各教研组成员提供观察案例并进行分享。 3.教研过程记录整理：张翠芝		
预期成果	文本资料：方案、活动简报、新闻报道。 声像类：活动照片、视频		

第一篇 课题研究

表1-8　博兴县学前名师组4月份教研活动记录

研究问题	教师的观察计划和观察内容是否适宜有效	活动地点	乐安幼儿园
主持人	白桂云	活动时间	2019年4月17日
过程记录	一、理论引导 白：制订教育观察计划，首先要有明确的观察目的、观察内容、观察对象以及观察进程安排等，具体步骤可参照以下内容。 1.研究课题。 2.观察目的与任务。 3.观察对象及范围（观察谁）。 4.观察内容（要收集哪些资料）。 5.观察地点（在什么地方观察）。 6.观察方法与手段（观察方法、仪器设备）。 7.观察步骤与时间安排（观察的次数、程序、时间间隔、观察要持续的时间等）。 8.其他（组织、分工和有关要求）。 二、观察计划的案例研讨 1.对教研组成员提供的观察计划进行探讨，一一分析观察计划中存在的问题。 案例一：户外自主游戏区游戏材料取放与整理观察计划。 张：介绍观察计划的制订原因、观察方式、观察对象、观察区域、观察内容等。 做得较好的地方： 白：观察问题的具体化。 缺失的地方： 曹：观察时间需要进一步具体化，观察计划中的计划时间段较长。 曹：观察的内容比较笼统。 白：我们可以把这个观察计划做成一个周观察计划，然后在大的观察目标下制定阶段性的观察目标，教师可以做到的观察计划，这样观察起来目的性更强，也更容易操作。 白：观察对象的确定——就观察计划来说，观察对象比较多，建议针对某个或某几个幼儿，观察的内容越具体越好。 案例二：博奥幼儿园户外游戏活动观察计划。 张：交流观察游戏活动的总目标、观察游戏活动的具体措施等。 观察游戏活动的总目标讨论。 目标：鼓励幼儿积极参加各种游戏，体验游戏活动带来的乐趣操作起来难度较大，怎样做可以有更好的效果？如果作为观察目标，可以做哪些修改？

过程记录	白：记录幼儿是否乐意参加各种游戏，可以用表格记录法，固定区域观察，分别进行记录并对其进行分析，这样做出的结果分析会比较客观。 白：另外几个目标的制定从某种意义上来说更接近于活动目标，而非观察目标，如果作为一个观察计划，这些观察目标应做出调整。 在制订观察计划的时候观察目标应该具体、细化一些，可以具体到某领域中的某些技能、习惯等内容。 白老师观察计划案例分享。 2.聚焦各园观察计划中存在的共性问题。 （1）观察计划做得少，对观察计划缺少认知与了解。 （2）观察目标不够具体。 （3）观察过程中有许多突发因素，不一定能按照观察计划进行。 3.针对观察计划存在的问题提出有效的解决办法。 （1）从园—级部—班级—个人，应有明确的观察计划，让每位教师知道自己要观察什么。 （2）观察表格的运用：建议根据白老师分享的观察计划案例制订适宜各园用的观察计划。 三、观察记录内容的案例研讨 1.对教研组成员提供的观察记录进行探讨，一一分析观察记录内容中存在的问题。 张：观察记录案例分享。 发现的问题： （1）观察存在随意性，看到什么记什么。 （2）缺少了分析的过程及调整策略。 （3）观察记录后边应跟上教师的反思。 白：教师观察记录案例分享。 白：优点，格式比较规范，定位也可以；场景记录翔实。 白：存在的问题，原因分析、措施有从网上抄袭的痕迹，自己思考得少。 李：观察分析是一件非常难做的事情。在观察记录中，教师的主观性太强。 曹：教师对幼儿的年龄特点把握不准确。 白：教师分析主观，不熟悉幼儿年龄特点；教师处理问题直接、武断；教师的介入直接，如"可以两个人一起玩的"。 周：教师分析很主观。 白：教师应和孩子交流，了解孩子是怎么想的，然后去制订干预计划，教会孩子下一步应该怎样去处理自己遇到的一些问题。 曹：教师观察理论层次低，对《指南》了解浅，做不出更多的评价。 曹：观察案例分析《总被告状的宝贝》。

第一篇 课题研究

过程记录	白：优点是比较完整、详细地记录了观察的过程，观察分析工作比较到位。 2.聚焦各园观察记录中存在的共性问题。 （1）观察分析是一件非常难做的事情。 （2）观察分析存在随意现象，教师对幼儿的年龄特点把握不准。 （3）每篇观察记录后边都缺少教师的反思。 3.针对观察记录的内容存在的共性问题提出有效的解决办法。 （1）作为观察者，教师必须要充分了解幼儿的年龄特点，分析其家庭背景，了解幼儿已有的社会经验。 （2）观察分析是一件比较难做的事，教师可以尝试把自己和幼儿交流的内容记录下来，这样会更好地帮助自己分析、了解幼儿。 （3）观察记录必须要有教师反思这项内容，如果没有，那么发现的问题是得不到解决的。 四、主持人进行总结提升 各园所从上到下，从学期初到学期末，要有完整的观察计划，要让老师明白自己要做什么。观察计划与观察记录虽然没有固定的格式，但目标是一致的，那就是为了促进幼儿的发展、提升教师的专业素养。 做观察记录，我们仍处在起步阶段，但是我们可以探索，可以尝试按照今天分享的案例中做得较好的地方去实践、去做计划，做好观察中的场景描述，做好客观的评论分析

　　活动之后，引领大家进行反思，整理教研活动记录，做好资料的留存，实现资源共享，为大家的后续研究留下可供查询和参考的资料。例如，陈户一幼的张翠芝老师在教研活动中写道："参加名师组教研活动一年多了，收获很多，每次教研活动的开展对我的触动都很大，这次在乐安实验幼儿园由白老师组织的'教师的观察计划和观察内容是否适宜有效'教研活动亦是如此。"我们都知道观察的重要性，也知道做观察计划的重要性，可是真正静下心来做计划、做观察，对现在的我们来说，是有一定难度的，尤其是对于乡镇上的幼儿园来说，观察记录流于形式，教师主观判断多，主观评价多，教师不了解幼儿的年龄、心理发展特点，等等，这些都是切实存在的问题。本次教研活动通过案例分析帮我们分析了自己在做计划、观察的过程中存在的问题，根据诊断出的这些问题，我为大家梳理了以下解决办法。

　　（1）作为观察者，教师必须要充分了解幼儿的年龄特点，分析其家庭背景，了解幼儿已有的社会经验。

（2）观察分析虽然是一件比较难做的事，但是只要有心，从最简单的事做起，也一定会受益匪浅，如教师可以尝试把自己和幼儿交流的话记录下来，这样会更好地帮助教师分析、了解幼儿。

（3）观察记录必须要有教师反思这项内容，如果没有，那么发现的问题是得不到解决的。

观察对幼儿发展、教师成长非常重要，如果没有教师对幼儿的观察，我们就看不到幼儿要表达的意愿，听不到幼儿想要说的，猜不到幼儿所想的，又怎能用心来感知幼儿的世界、走进幼儿的心灵？只有通过对幼儿的观察，我们才能了解幼儿学习的方法、了解幼儿经验的获得，才能有效地指导幼儿进行活动。

八、分析与讨论

课题研究不仅丰富了教师的理论知识，还不断改变着教师的教育观、儿童观，让教师在观察过程中爱上孩子，爱上幼儿教育；也让我们认识到为什么要"尊重儿童的个体差异"，提高了我们的观察能力，更重要的是带来了我们行为上的变化，一切理念唯有转化为实践，才能真正发挥它的作用，才能帮助教师实现专业化的成长，从而促进幼儿的发展，提升幼儿园的教育质量。

在课题研究的过程中，老师们慢慢学会了接受，开始静下心来去观察幼儿，多了一些等待和倾听，少了一些干预和指导。在这一过程中，老师们懂得了相信的力量，懂得了把幼儿放在幼儿的位置上，真正明白以幼儿为主体的含义，开始学着借助观察材料科学地评价幼儿，也开始尝试根据幼儿的特点去设计活动。

在课题研究中我们的心变得透亮了，能够看到幼儿不一样的表达方式，看到他们的想象，感受到他们的情绪，理解他们的表达，和他们进入同一个世界。并学会和幼儿一起享受这美好，在观察、欣赏、享受的过程中，我们慢慢地发现幼儿、读懂幼儿、走进幼儿的内心。

提高教师的观察能力是我们研究的课题，却不是我们的最终目的，我们在研究中还有很多困惑。

（1）我们希望在研究的过程中，教师能够根据观察材料设计出有助于幼儿发展与能帮助幼儿获得新知识、新技能的适宜活动，但我们还很难做到。

（2）我们还希望通过课题的研究，让教师真正理解《指南》中所提出的，幼儿的发展是呈阶梯性的，因此我们要学会用发展的眼光看待幼儿各阶段的表现，并能科学地评价幼儿的发展，但很多时候老师们还是习惯通过一两件事情来给幼儿贴上一个标签，不能做出发展性的评价。

（3）我们还希望通过课题研究快速带动教师成长，但教师的知识结构和语言文字描述能力制约了课题研究的开展，我们要花费很大的精力帮助教师修改他们的观察记录。

（4）我们以为通过课题研究和不断培训，就能彻底改变教师的教育理念和教育行为，但在阅读教师的观察记录时，还是发现字里行间流露出"师本位"的观点，如何彻底改变这一现象，成为我们新的研究课题。

虽然这一课题研究已经接近尾声，但我们感觉我们的课题才刚刚开始，我们在很多方面还需要继续探讨和研究。在以后的工作中，我们将以这个课题研究为新的起点，继续寻找更能有效促进教师专业成长的道路，从而更快地实现高质量的幼儿教育。

参考文献

［1］卢梭.爱弥儿［M］.李平沤，译.北京：商务印书馆，1978.

［2］玛利亚·蒙台梭利.蒙台梭利幼儿教育科学方法［M］.任代文，译.北京：人民教育出版社，1993.

［3］Sheila Riddell-Leech.观察：走近儿童的世界［M］.潘月娟，王艳云，译.北京：北京师范大学出版社，2008.

［4］施燕，韩春红.学前儿童行为观察［M］.上海：华东师范大学出版社，2011.

［5］李季媚，冯晓霞.《3—6岁儿童学习与发展指南》解读［M］.北京：人民教育出版社，2013.

［6］陈向明.质的研究方法与社会科学研究［M］.北京：教育科学出版社，2000.

［7］王烨芳.学前儿童行为观察与分析［M］.南京：江苏教育出版社，2013.

［8］Dorothy H.Cohen, Virginia Sterm, Nancy Balaban, 等.幼儿行为的观察与记录［M］.马燕，马希武，译.北京：中国轻工业出版社，2013.

［9］解读儿童研究院.解读儿童的行为［M］.成都：天地出版社，2017.

［10］帕特丽夏·韦斯曼，乔安妮·享德里克.幼儿全人教育［M］.钟欣颖，张瑞瑞，杜丹，译.南京：南京师范大学出版社，2015.

［11］卢梭.一个孤独的散步者的梦［M］.诗雨，译.北京：中国华侨出版社，2010.

［12］朱涤瑕.观察，让教育行为更优化［J］.教育导刊（下半月），2012（8）：73-74.

［13］谈心.观察幼儿：幼儿教师专业发展的关键［J］.当前学前教育，2009（2）：22-26.

［14］王小兰.观察记录——幼儿发展评价的一种途径［J］.教育管理测量与评价（理论版），2010（12）：20-22.

［15］徐行.提高观察能力让教育更有效［J］.幼儿教育，2010（1）：66-67.

［16］王艳云.问题引领：提高教师观察能力的有效方法［J］.幼儿教育：教育教学，2008（9）：21-23.

［17］刘佳丽.教师运用《指南》观察幼儿的策略的研究［D］.成都：四川师范大学，2015.

第一篇 课题研究

课题二：滨州市幼儿园保育水平等级评价标准及评价工具的开发研究

幼儿园保教质量是幼儿园办园水平的关键因素，如何通过适宜的评价标准引导幼儿园走向高质量的发展，是幼儿园管理的重要举措。幼儿园保教水平评价标准是各幼儿园接受教育部门监督，进行改进和完善的标准，也是当今各国学前教育事业改革与发展的重点。

保育工作既是幼儿园教育工作的基础，又是幼儿园教育的重要组成部分，随着《幼儿园工作规程》（以下简称《规程》）、《幼儿园教育指导纲要（试行）》（以下简称《纲要》）等的颁布和实施，"保教结合""保教并重"的理念逐渐贯穿到幼儿园的管理工作中，两者有机地融为一体，不可分割。我们既要重视对幼儿身体上的照顾和养育，也要关注幼儿精神、情感、智力等各方面的高质量发展。

坚持规范与创新相结合、导向与激励相结合、定性评价与定量评价相结合、过程性评价与结果性评价相结合、幼儿园自评与他评相结合，坚持保教融合的指导思想，注重评价的发展性以及强调评价主体的多元化对动态因素的评价等评价理念。在研究和借鉴国内外相关经验的基础上，通过调查、访谈、观察、实践、反复研究，逐渐形成了《滨州市幼儿园保育水平等级评价标准及评价工具》，以此为工具对幼儿园的保育水平进行等级评价。分别从环境、设施、人员、制度、内容、幼儿发展6个领域共计38个项目（含项目指标）建构三级评定量表，以多元的评价主体共同参与评价，用实地考察、观察、访谈、问卷调查、文本分析等方法收集资料，形成评价结果。从而实现以评促建，规范幼儿园办园行为，引导幼儿园遵循幼儿身心发展的特点和规律，加强自身建设，提高保育与教育质量。

本研究将主要以文本的形式呈现研究过程和研究结果，以期望更清晰、更直观地为大家呈现课题研究的实践过程。

一、课题研究的背景

（一）课题研究的政策背景

《规程》第三条明确指出幼儿园的任务是："贯彻国家的教育方针，按照保育与教育相结合的原则，遵循幼儿身心发展特点和规律，实施德、智、体、美等方面全面发展的教育，促进幼儿身心和谐发展。"

《纲要》中提道："幼儿园教育……以游戏为基本活动，保教并重，关注个别差异，促进每个幼儿富有个性地发展"，必须"要把保护幼儿的生命和促进幼儿的健康放在工作的首位"。

《国务院关于当前发展学前教育的若干意见》仍将"坚持科学保教，保教结合，促进幼儿身心健康发展"放在重要地位。

（二）课题研究的现实背景

幼儿自身成长的需要：幼儿期是人生成长发展的重要时期，这个时期的幼儿身体发育迅速，探究外界事物和活动的欲望非常强烈，自主性和独立性不断增强，但他们的自我保护能力、对危险的判断能力、身体抵抗能力尚未完善，容易受到伤害，所以需要成人更精心地照顾。因此，这个时期对幼儿保育，对幼儿身心健康的呵护就尤为重要，"保教并重，重视保育工作"是学前教育有别于中小学教育的一个重要方面。但由于人们单方面追求"教育质量"，存在一些"轻保育、重教育"的现象，使保育工作受到轻视，保育工作质量难以得到保证，如何看待和评价保育工作成为一个值得我们研究的课题。

对高质量幼儿教育的追求：随着二孩政策的放开，幼儿学位急需增加，但幼儿园建设却相对滞后，为了满足幼儿入园的需求，不断增大班额成了解决幼儿入园需求的一个途径，但班额的增大必然会对幼儿保教质量的提升带来很大的难度，如何既满足幼儿入园需求，又不降低保教质量呢？这就需要

新的评价体系和管理体系来对幼儿园进行正确的引导。所以，积极开展对幼儿保教质量评估体系的研究是非常必要的。

二、课题研究的目的与意义

（一）课题研究的目的

（1）梳理幼儿园保育质量评价的内容和各项指标，以等级考核标准的形式建构幼儿园保育质量评价工具，形成系统、全面的评价标准，为幼儿园保育质量评价提供参考。

（2）通过课题研究提高幼儿园保育工作的水平，从而带动幼儿园教育质量的整体提升。

（3）通过课题研究提高幼儿园教职工的保教水平，从而带动教师队伍整体素质的提升。

（二）课题研究的意义

1. 理论意义

课题研究将会形成切合实际的幼儿园保育水平评价标准，为本区域内幼儿园的保育工作评价提供一定的参考。

2. 实践意义

课题研究将会发现我园保育工作中存在的问题，并提出改进措施，从而提高幼儿园的办园质量。同时，还可以有效提升教师的专业素质。

三、核心概念界定及文献综述

（一）幼儿园保育

我国传统的幼儿园保育通常指成人为3~6岁幼儿的生存与成长提供安全的、良好的、必要的环境和条件，对幼儿施加精心的照顾、看护和抚养，从而保障幼儿的正常发育和良好发展，使其独立生活的自理能力逐渐提高。保教人员共同承担幼儿园的保育工作，所以，本研究中的"保育"概念扩大了其传统意义，指的是融入教育的保育。

（二）幼儿园保育水平

幼儿园保育水平指幼儿园保育工作是否能够满足幼儿身心健康发展的需

要及满足幼儿身心健康发展需要所达到的程度。

（三）等级考核

等级考核指按某一标准进行考定核查，区分出高下差别。

（四）评价工具

评价是指对某事或人物进行判断、分析后得出的结论。工具原指工作时所需用的器具，后引申为达到、完成或促进某一事物的手段。所以，本研究的评价工具是指能够对幼儿园的保育水平做出结论的手段。

四、课题研究的内容

本研究坚持保教结合的指导思想，将保育看作融入教育的保育，广泛征求教研员、各幼儿园保教主任、教职人员及部分家长等不同层次人群对保育工作的意见，分析、制定出保育水平等级评价的结构框架，所包含的内容，具体指标及对指标的分等级描述，并在实践检验中不断修正，初步建构具有可操作性的《幼儿园保育水平等级评价标准》。具体的研究内容如下。

（1）幼儿园保育水平评价的指标。

（2）每个评价指标所含的具体内容。

（3）评价标准的具体描述。

（4）评价标准的导向性。

五、课题研究的思路与方法

（一）研究思路

通过问卷调查和访谈来确定评价的指标—初步制定评价标准—回到实践中进行反复检验—研讨存在的问题—修改完善。

（二）研究方法

本研究采用文献法、问卷调查法、访谈法、观察法、记录法、案例研究法、文本分析法等多种研究方法。

1. 文献法

通过检索国内外有关幼儿园保育评价标准的相关研究文献快速获得和把握国内外相关研究的情况。另外，通过检索和保育教育水平评价标准与指标

相关的文献、政策，经过鉴别、整合，反复在幼儿园进行实践应用、讨论方式，探索适合幼儿园的保育水平评价标准和评价工具。

2. 问卷调查法

通过向各级各类人员发放调查问卷来了解幼儿园保育水平评价标准的适宜性和适用性。

3. 访谈法

为了使制定的《幼儿园保育水平等级评价标准》符合幼儿园实际情况，能真实、有效地评估出幼儿园保育水平，本研究将对相关的幼儿园园长、保教主任、后勤主任、教师、保育员等不同层次的专业人士以及部分家长，组织集体访谈或个别访谈，以期了解他们对幼儿园保育水平评价标准的看法。

4. 观察法

在反复访谈、商讨和修改后，制定出初步的评价细则，运用初步制定的评估细则对幼儿园进行观察评定。研究者将以第二者身份深入幼儿园，对幼儿园环境、教育教学情况、制度档案中涉及保育的硬件、软件、档案评价细则指标进行观察和考察，打出分数，并在观察过程中详细记录实地观察和考察笔记，以便对评价指标进行修订。

六、课题研究过程

第一阶段（2017年3—7月）：准备阶段

（1）文献学习和课题论证。

（2）成立课题组，建立学习共同体，制订研究计划，并进行分工。

（3）对参与研究的教师进行理论培训，了解相关的政策和文件，形成正确的保育观和评价观。

第二阶段（2017年8月—2019年12月）：课题研究阶段

（1）对各级各类人员进行访谈和问卷调查，征集大家的问题，聚焦幼儿园保育水平评价标准存在的问题。

（2）编制初步的幼儿园保育水平评价标准。

（3）将评价标准反复用于实践，根据发现的问题进行分析研究，使幼儿园的保育水平不断提高。

第三阶段（2020年1—8月）：课题总结阶段

（1）总结整理，形成评价工具。

（2）撰写课题研究报告。

（3）申请结题。

七、课题研究的成效

其实，相关课题研究的最终目的都指向幼儿的发展，是为了更好地提高教育质量。近两年，我们紧紧围绕课题研究目标，将教研与课题研究有效地统整，大家在研究中逐渐找到了乐趣，改变了自己的儿童观、保教观。

在课题进行的过程中有幸得到县教育局督导室和幼教科的指导与帮助，我们以引导大家规范、科学地实施保教活动为目的，以提高幼儿园的保教水平为目标，发挥其自我核对、找出差距、发现问题、明确方向、提高保教能力的功能，经过多次修改和征集各级人员的意见，最后建构了《滨州市幼儿园保育水平等级评价标准及评价工具》（见附件）。

（1）这个标准主要包括：指导思想与评价原则、评价项目说明、评价的实施办法、等级评价申报表、等级考核评价标准。

（2）幼儿园保育水平等级考核评价标准又包括等级考核评价申报表，幼儿园等级考核评价使用说明，等级考核评价标准使用说明，幼儿园保育水平I级、Ⅱ级、Ⅲ级考核评价标准，等级考核评价得分汇总表。

（3）滨州市幼儿园保育水平等级评价标准包含6个领域，38个项目，131条指标，还有具体的分值和计分办法等，幼儿园必须达到相应等级的分值。

八、结论与反思

（1）本研究力图通过建构幼儿园保育水平等级评价考核标准，以其作为主要的评价工具来评价、引导幼儿园高质量发展，帮助幼儿园通过评价获得更好发展。在建构和编制《滨州市幼儿园保育水平等级评价标准及评价工具》的过程中多方收集不同层次专业人士的意见，并在幼儿园及本区域内的部分幼儿园进行试用，实践证明，这个评价标准在我们的联谊园所得到了认可。但由于时间限制，未能将评价工具的建构过程和验证过程付诸更多的幼

儿园，其推广性还有待考证。

（2）《滨州市幼儿园保育水平等级评价标准及评价工具》的建构过程经过多次实践和反复讨论，各试用园所对等级评价标准的内容、指标设计、评估方法、分级标准等表示认同，能够利用这个工具有效区分出各园的保育水平，但是也出现了介于两级之间或部分指标低于三级标准的现象，因为更注重评价标准的引领作用，所以对低于三级标准的幼儿园不适用。

（3）幼儿园保育水平等级考核评价是一项非常细致和繁杂的工作，评价指标较细，需要自评和他评，这需要有较强的耐心和实事求是的精神，如有偏差定会影响使用的效果及评价的客观性。如何加强对评价者以及保育管理者的培训，是一个需要思考和探索的问题。

这一课题是非常值得研究的，虽已提交结题，但在很多方面还需要继续探讨和研究，在以后的工作中我们将继续秉持认真做事、踏实研究的精神，寻找更有效地提升幼儿园保育水平和办园质量的道路，促进幼儿园保教水平的有效提高。

参考文献

［1］教育部基础教育司.《幼儿园教育指导纲要（试行）》解读［M］.南京：江苏教育出版社，2010.

［2］鄢超云.学前教育评价［M］.北京：高等教育出版社，2010.

［3］李卓.国内外幼儿园办园标准与评估体系研究综述［J］.吉林省教育学院学报（学术版），2009（1）：13-14.

［4］刘霞.托幼机构教育质量评价概念辨析［J］.学前教育研究，2004（5）：5-7.

［5］任慧娟.由"保育员就是教师"想到的——幼儿园保育员角色探析［J］.教育导刊（下半月），2006（1）：36-38.

［6］夏晨伶.幼儿园保育质量评价指标研究［D］.成都：四川师范大学，2012.

［7］王萍.城市示范幼儿园办园质量评价的研究［D］.长春：东北师范大学，2002.

[8]徐健.幼儿园保育教育质量评估指标体系研究——以河北省为例[D].张家口：河北北方学院，2019.

附件

滨州市幼儿园保育水平等级评价标准及评价工具

一、指导思想与评价原则

（一）指导思想

以科学发展观为指导，以促进幼儿发展、教师发展、园所发展为宗旨，以办专业化、高质量的幼儿园为目标，通过幼儿园保育水平等级评价，提升幼儿园的保育水平和办园质量，促进幼儿园规范办园行为，提高办园水平，保障幼儿身心健康、快乐成长，引导幼儿园规范发展、自主发展、专业发展，为学前教育事业发展提供专业引领，满足人民群众对高质量学前教育的需求。

（二）评价原则

1.规范与创新相结合

以评促建，规范幼儿园办园行为，推动各地加强对薄弱幼儿园的指导和监督管理，引导幼儿园根据标准，通过评比验收，不断改善保育环境，提高水平，从而为保教质量和办园水平的进一步提升打下良好基础，同时鼓励幼儿园积极创新。

2.导向性与激励性相结合

充分发挥幼儿园评价的导向和激励功能，促进幼儿园保教水平的提高。

3.定性评价与定量评价相结合

在评价过程中依据评价内容采取定性评价与定量评价相结合的方式，对幼儿园工作进行科学的评价。

4.过程性评价与终结性评价相结合

对幼儿园的等级评价，既注重对保教工作过程的评价，又强化等级评价结果的运用，促进幼儿园发展与工作的改进，为幼儿园提供指导和帮助，为决策提供依据和建议。

5.幼儿园自评与第三方评价相结合

幼儿园自评是自主管理与自主发展的重要环节。通过自评，幼儿园可以

第一篇　课题研究

回顾过去，反思工作思路与历程，增强自主发展能力；第三方可以更客观地对幼儿园进行评价，有利于幼儿园更好地发现工作中的问题。

6.发展性原则

发挥等级评价的阶梯与发展功能，促进幼儿园的规范发展、自主发展、专业发展。同时，强调等级评价内容、方法与手段与时俱进，力求体现时代特征和先进的教育思想与理念。

二、主要指标

幼儿园保育水平等级评价包括保育环境、保育设施、保育人员、保育制度、保育内容、幼儿发展6个方面，共38项指标。

（1）保育环境：包括整体园舍环境、班级环境是否符合幼儿生理、心理发展需求和规律，保证幼儿身心健康成长。

（2）保育设施：包括幼儿生活设备、医疗卫生设备、炊事设施设备、安全设施设备、教育教学设备是否符合保育规范。

（3）保育人员：包括人员配备及任职资格、人员培训、职业素养等内容，以促进保育工作人员的专业得以不断发展，提升保育工作质量。除了保育员、幼儿教师、卫生保健人员外，食堂工作人员、安保人员等后勤员工都应纳入评价范围。

（4）保育制度：包括两方面制度建设和管理办法，一是针对全园工作人员的管理制度，如岗位责任制度、设施设备制度、安全管理制度等安全管理和疾病防治制度、保健登记统计制度、卫生消毒制度等卫生保健管理；二是针对幼儿的保健管理，如儿童体检制度等医务工作制度和儿童一日生活安排制度、膳食管理制度等卫生保育制度。

（5）保育内容：评价保育人员的保育品质，包括一日生活各环节中对幼儿的日常护理、卫生工作、安全工作、保教活动中的保育工作等方面，考察保育人员的行为举止、对幼儿的态度、专业自主，除了对保育人员有相关要求，还要注重对幼儿教师在教育过程中渗透保育的评价。

（6）幼儿发展：包括幼儿身体发育、体能发展、认知发展、心理健康及个性发展、安全及自我保护意识、交往能力、行为习惯及自我服务能力等方面，从而评价幼儿园保育的质量。

三、评价的实施

实行幼儿园自评与第三方评价相结合的方式。幼儿园成立自评工作领导小组和工作小组（要涵盖幼儿园领导及各处室负责人、教师，要鼓励家长和社区有关人员参与），认真指导幼儿园对所有指标逐项进行终结性自评，形成自评报告。

第三方评价，由评估人员深入现场，采取检查（含抽查）、调查（含问卷）、现场观察（含课堂观察和园所观察）、随访、座谈、查阅档案资料等多种方式进行定性、定量分析，严格依照评估标准，合理赋分。

幼儿园等级评价申报表

【说明】

"幼儿园等级评价申报表"是园本评价的真实记录，也是第三方评价进行材料评审和现场考察的重要材料，请幼儿园认真逐项如实填写，核对无误。部分栏目提供了选项，请在符合实际情况的选项前的"□"内打钩，或写明"其他"情况。

无法填写的内容可以空缺，但须在备注栏内写明原因；如有些项目信息需要特别补充说明的，也写在备注栏内。

所有信息截止时间为申报截止到目前。"近三年"由填报当年向前推算，亦可按前六学期统计。一般情况均填写当年的信息。

现场评价时，相关专业人员将对表格中的信息进行查证与核实；如发现有意弄虚作假，则取消等级评价的资格。

凡申报等级评定的幼儿园，应根据评价标准认真进行自评，并在滨州市"幼儿园保育水平等级评价标准"中填报。

幼儿园保育水平等级评价申报表及自评报告

申报时间：_____年____月____日   园所编号：_____

幼儿园名称		办园时间	年
申报等级	□一级　□二级　□三级		

第一篇 课题研究

具体地址	市县/市/区乡镇/街道/社区（具体地址）				邮政编码			
所在地性质	□设区市主城区　□县城　□乡镇中心（政府所在地）　□村　□其他_____							
幼儿园电话			主页网址			电子邮箱（E—mail）		
主办单位（人）	名称		幼儿园法人代表	姓名		园长		姓名
	电话			电话				电话
办园性质	□教育部门办 □其他部门办 □集体办 □民办	园舍产权性质	□国有 □集体所有 □私有 □租赁 □其他_____	经费来源性质	□全额拨款事业单位 □差额拨款事业单位 □自收自支事业单位 □民办非企业 □企业	服务形式	□全日制 □半日制 □寄宿制 □其他____	
幼儿园自评报告	幼儿园（盖章） _____年___月___日							

【说明】

滨州市幼儿园保育水平等级评价标准包含六个部分，幼儿园在自评时应对照每一条评估标准，根据实际达标的情况，确定其相应的分值，最后合计总分（含加分项目得分）。等级评价标准满分为150分，得分在131~150分可以评定为一级幼儿园；得分在111~130分可以评定为二级幼儿园；得分在90~110分可以评定为三级幼儿园。

班级环境是以班级为单位的观察评价，所观察的每个班级需要单独评分和计分；然后取整个幼儿园的平均得分。

指标的评分：每个项目包含若干条评分指标，每条指标有不等的分值。

保育制度、保育内容、幼儿发展等指标评估需通过现场观察，现场观察后进行相应的赋分。

评价扣分时请在扣分原因栏内写明具体原因。

幼儿园保育水平等级评价标准

总分：10分　　　　　评价得分：

一、保育环境——园舍环境

项目	项目分值	指标编号	指标内容	指标分值	计分办法	指标得分	项目得分	扣分原因
1.园所周边环境及园舍建筑	4	1-1	园舍独立，周边环境好，设置在安全区域内	2	实地查看，根据实际情况计2~4分			
		1-2	设有单独的活动室，户外活动场地，厕所，食堂等	1				
		1-3	园舍建筑坚固，在传达（警卫）室，大门出入口，安全出入口，户外楼道等公共区域设有视频监控系统并有专人实时监控	1				
2.房屋规划与布局及户外环境	6	2-1	设有必要的专用活动室，包括幼儿美工室，建构室，探究室，图书室，多功能活动室（具舞蹈厅，多媒体教室，小礼堂等功能）	2	实地查看，根据实际情况计3~6分			
		2-2	布局合理，功能分区明确，建筑设计布室内设计符合幼儿的特点，建筑物，绿化带，室外游戏场地，杂物辅助用地分区合理	1				
		2-3	园内绿化面积（垂直绿化面积按1/2计）生均应达2平方米以上，园内不应有刺激性或刺刺的植物	1				
		2-4	独立厨房（粗加工间，切配间，消毒间，配餐间，食品仓库，炊事员更衣间）	1				
		2-5	户外活动场地包括30米及以上跑道，深度为0.3~0.5米的沙地/沙箱等户外活动区域，生均使用面积不低于4平方米	1				

第一篇 课题研究

二、保育环境——班级环境　　　　　　　　　总分：10分　　　　　　　　　　得分：

项目	项目分值	指标编号	指标内容	指标分值	评估要点	指标得分	项目得分	扣分原因
3.活动室	2.5	3—1	若活动室与午睡室合用，两者的使用面积之和生均3.2平方米以上；若活动室与午睡室分设，则活动室使用面积生均2.2平方米以上	1	实地查看，根据实际情况计1.5~2.5分			
		3—2	有备自独立且空间充足的集体教学区域，区角活动空间	0.5				
		3—3	有良好的采光、照明、通风、温度控制设施，隔音、吸音设施效果良好	0.5				
		3—4	装修环保、温馨、富有童趣，设施维护与保洁状况良好	0.5				
4.盥洗室	3	4—1	每个班级有专用的卫生间，使用面积在18平方米以上，厕所有直接的自然通风或通风换气设施	1	实地查看，根据实际情况计1.5~3分			
		4—2	大、小便器4个以上或便槽2.5米以上，设施具有一定的选择性，符合幼儿的使用尺寸，安全清洁	0.5				
		4—3	有6个以上高度适宜的流水洗手龙头、肥皂洗手液，擦手毛巾（生均2套轮换使用）等物资供应充足	1				
		4—4	卫生间装修适宜，环境温馨，男女单独设卫生间	0.5				
5.午睡空间	1	5—1	午睡空间面积充足，每位幼儿有自己单独的铺位和卧具	0.5	实地查看，根据实际情况计0.5~1分			
		5—2	所有床铺或铺位之间有适宜的间隔，床铺干净卫生，按时清洁消毒。寄宿制幼儿园（班）必须有每人一床的专用被褥和配套的卫生间	0.5				
6.家具教玩具	1.5	6—1	班级的桌椅、玩具柜等家具设备适合幼儿的身高尺寸，数量充足，能满足不同类型活动的需要	1	实地查看，根据实际情况计1~1.5分			
		6—2	教学设施设备按《山东省幼儿园办园条件标准》配备	0.5	形式			

二、保育环境——班级环境　　总分：10分　　得分：

项目	项目分值	指标编号	指标内容	指标分值	评估要点	指标得分	项目得分	扣分原因
7.区角设置	2	7-1	班级有5个以上明确划分的活动区角，并有方便使用的家具、教具和玩具等设备。区角空间规划合理，位置适宜，干扰少	0.5	实地查看，根据实际情况计1~2分			
		7-2	区角活动材料丰富（每个区角有10种材料，每种10个以上），定期更新，有一定比例的自制玩具与半成品材料（占总数的20%以上）	0.5				
		7-3	区角空间和材料能够满足全班幼儿同时进行区角活动的需要	0.5				
		7-4	区角适合幼儿阅读的图书有5种以上主题类型，生均5册以上，每月轮换更新20%以上	0.5				

三、保育设施　　总分：20分　　得分：

项目	项目分值	指标编号	指标内容	指标分值	计分办法	指标得分	项目得分	扣分原因
8.幼儿生活设施	3	8-1	活动室有良好的采光、通风，并可人为控制的材料与设备	1	实地查看，根据实际情况计1.5-3分			
		8-2	幼儿单独使用个人物品，且配置符合幼儿年龄特点	1				
		8-3	每班有幼儿饮水及代用流动水设备，保证幼儿按需饮用热水	1				
9.医疗卫生设备	3	9-1	保健室配备必要的医疗材料及设备，包括桌椅、药品柜、保健资料柜，流动水或代用流动水设施	1	实地查看，根据实际情况计1.5-3分			
		9-2	诊察床、杠杆式体重计、灯光对数视力箱、身高坐高计、紫外线灯、听诊器、消毒液、体温计、血压计、压舌板、软皮尺、暖水袋、氧气袋、隔离衣	1				
		9-3	外用药、急救包、防治常见病的非处方药	1				

第一篇

课题研究

三、保育设施　　　　　　　　　　　　总分：20分　　　　得分：

项目	项目分值	指标编号	指标内容	指标分值	计分办法	指标得分	项目得分	扣分原因
10.餐厅设施设备	4	10-1	必要的设施设备充足，符合相关的法律法规要求	1	实地查看，根据实际情况计2~4分			
		10-2	各项标识清晰，分类明确，配备相应的操作规范	1				
		10-3	配备有足够的照明、通风、排烟、消防（如灭火器）装置	1				
		10-4	用于原料、半成品、成品的刀、墩、板、盆、筐、抹布以及其他工具、容器有分类，有明显标志	1				
11.安全设施设备	6	11-1	教学楼、办公楼、宿舍楼、餐厅等层楼不少于两个灭火器	2	实地查看，根据实际情况计3~6分			
		11-2	保持消防通道通畅无堵塞，无杂物堆放	1				
		11-3	消火栓内有水、消防水带、枪头齐备、接合器能有效对接，灭火器压力指示正常	1				
		11-4	消防设施配备消防安全标志和应急照明设置齐备，有可利用性，定期排查、检查，记录齐全	1				
		11-5	安全设施及材料齐备	1				
12.教育设施设备	4	12-1	家具数量充足，适合各年龄段幼儿的特点，所有设施坚固、修缮良好	1	实地查看，根据实际情况计2~4分			
		12-2	必要教具充足，具有可利用性	1				
		12-3	玩具和材料数量及种类充足，使用材料是每日活动中的固定内容	1				
		12-4	有一定数量适合幼儿年龄特点的、体现不同功能和挑战性的原材料与半成品	1				

总分：20分　　　　得分：

四、保育人员

项目	项目分值	指标编号	指标内容	指标分值	计分办法	指标得分	项目得分	扣分原因
13.保育员	2.5	13-1	保育员职数及任职资格符合要求	1.5	与相关人员交流，查阅资料，根据实际情况计1.5~2.5分			
		13-2	注重保育员业务素质提高，定期培训，有考核、有记录	1				
14.幼儿教师	3.5	14-1	幼儿教师职数及任职资格符合要求	1.5	实地查看，与教师交流，查阅资料，根据实际情况计2~3.5分			
		14-2	有一定数量的骨干教师，70%以上的幼儿教师具有学前教育专业大专以上学历	1				
		14-3	全日制幼儿园每班配备幼儿教师2~3名以上	1				
15.卫生保健人员	4	15-1	卫生保健人员职数及任职资格符合要求	1	实地查看，与相关人员交流，查阅资料，根据实际情况计2~4分			
		15-2	能按时对幼儿健康的状况进行记录并做出准确的评价	1				
		15-3	全日制幼儿园每班配备保育员1名以上	2				
16.食堂工作人员	5	16-1	食堂工作人员岗位分工明确，职数及各岗位任职资格符合要求	1	实地查看，与相关人员查阅			
		16-2	有日常健康状况监护/晨检	2				

第一篇　课题研究

四、保育人员　　总分：20分　　得分：

项目	项目分值	指标编号	指标内容	指标分值	计分办法	指标得分	项目得分	扣分原因
16.食堂工作人员	5	16-3	食堂炊事员持有有关部门考核的中级以上等级证书和《从业人员健康证明》	1	资料，根据实际情况计2.5~5分			
		16-4	食堂工作人员可分为主厨、助厨、厨杂等岗位，厨杂可不具有专业技术资格证	1				
17.安全工作人员	5	17-1	安保人员的数量符合幼儿园的规模要求，且符合任职条件；年龄不得超过50周岁，具有安证	2	实地查看，与相关人员交流，查阅资料，根据实际情况计2.5~5分			
		17-2	至少配备专业安保人员2名及2名以上	2				
		17-3	安保人员定期进行培训、有考核、有记录	1				

五、保育制度　　总分：30分　　得分：

项目	项目分值	指标编号	指标内容	指标分值	计分办法	指标得分	项目得分	扣分原因
18.岗位责任制度	2.5	18-1	教师要对本班幼儿的安全负责，严格执行安全制度，防止事故发生	1	与相关人员交流，查阅资料，根据实际情况计1~2.5分			
		18-2	做好家长联系工作，了解幼儿家庭环境，商讨符合幼儿特点的教育措施	0.5				
		18-3	重视幼儿安全教育，严格执行安全制度，防止各类事故的发生	0.5				
		18-4	负责本班房舍设备、室内外环境的清洁卫生及消毒工作	0.5				

五、保育制度　　　　总分：30分　　　　得分：

项目	项目分值	指标编号	指标内容	指标分值	计分办法	指标得分	项目得分	扣分原因
19.安全管理制度	4	19-1	教职工在一日活动中要加强对幼儿进行安全教育和安全习惯的培养，提高幼儿的自我保护能力	1	观察幼儿和教师的表现，与幼儿交流和教师交谈，根据实际情况计2~4分			
		19-2	认真对待幼儿的入园和离园，离园时教师和保育员应在门口做好幼儿交接工作，亲自将幼儿交到家长手中	0.5				
		19-3	热爱幼儿，杜绝体罚和变相体罚的现象	0.5				
		19-4	节约资源，白天随手关灯；下午最后一个离岗的教师，必须收拾好各类用具，关好门窗水电	1				
		19-5	近3年内没有发生过安全责任事故	1				
20.安全防护制度	4	20-1	在各类表活动中，教师根据幼儿年龄和能力的不同，采取适当的安全监护策略	1	查阅资料，与幼儿和教师交谈，根据实际情况计2~4分			
		20-2	在进行户外活动和体育活动前，教师应注意向幼儿解释相应的安全规则及理由，教给幼儿自我保护的方法，活动中幼儿基本能自觉遵守安全规则	1				
		20-3	每学期，各班级有计划地对幼儿进行安全教育	1				
		20-4	每学期至少进行1~2次适合幼儿年龄特点的防灾演练	1				
21.设施设备制度	2	21-1	卫生室或保健室常用设备、器械，药品较为齐全	1	实地查看，根据实际情况计1~2分			
		21-2	卫生保健人员接受定期的儿童保健专业培训	0.5				
		21-3	班级的卫生保健和消毒设备安全、卫生、齐备，按规定使用	0.5				

第一篇　课题研究

五、保育制度　　　　　　　　　　　　总分：30分　　　　　　得分：

项目	分值	指标编号	指标内容	指标分值	计分办法	指标得分	项目得分	扣分原因
22.卫生保健制度	4	22—1	建立并严格执行健康检查、卫生消毒及卫生保健登记统计等各项卫生保健制度	1	实地查看，查阅资料，与幼儿和教师交谈，根据实际情况计2~4分			
		22—2	幼儿每年体检一次，受检率为100%，预防接种率达100%	0.5				
		22—3	晨检、全日健康观察及病儿隔离等工作规范有序，近2年内无传染病蔓延事故	1				
		22—4	幼儿健康档案、各类账册、资料、档案齐全、规范	0.5				
		22—5	取得当地卫生行政部门核发的《托幼机构卫生保健合格证书》	1				
23.疾病防治制度	1	23—1	有面向家长的保健宣传栏或相关内容的讲座，帮助家长提高保健护理常识；对幼儿做有必要的检查和观察，相应记录完备	1	实地查看，查阅资料，与幼儿和教师交谈，根据实际情况计0.5~1分			
24.卫生消毒制度	3	24—1	保证盥洗室、厕所地面无积水，能能时冲洗厕所，保证便池无异味，能及时处理垃圾杂物	1	实地查看，查阅资料，根据实际情况计1.5~3分			
		24—2	能按时完成每天的常规消毒工作，并做好记录	1				
		24—3	餐前餐后消毒桌面，并保证地面清洁	1				

五、保育制度　　　　　　总分：30分　　　　　　得分：

项目	项目分值	指标编号	指标内容	指标分值	计分办法	指标得分	项目得分	扣分原因
25.健康检查制度	1	25-1	身心健康，无传染病史和精神病史，全园人员持有《托幼机构工作人员健康合格证书》，食品从业人员持有《从业人员健康证明》，上岗前及上岗后定期进行体检	1	查阅资料，根据实际情况计0.5~1分			
26.幼儿一日生活管理制度	2	26-1	作息能根据个体的需要进行调整（如为注意力集中时间短的儿童提供更短的活动，允许儿童在固定作息时间的慢速度的儿童可以晚些吃完餐点等）	1	实地查看，查阅资料，根据实际情况计1~2分			
		26-2	每日开展各种类型的活动，每日有固定的游戏时间和户外活动时间，过渡环节流畅	1				
27.营养与膳食管理制度	2.5	27-1	建立并严格执行营养管理制度，根据时令及幼儿特点制定量食谱，为幼儿提供均衡合理的膳食	0.5	查阅资料，根据实际情况计1~2.5分			
		27-2	注意为特殊儿童（如有过敏反应、民族、宗教特别的饮食习俗）提供替代食物	0.5				
		27-3	重视体弱儿、肥胖儿的健康管理	0.5				
		27-4	全园幼儿生长发育的各项指标均正常	1				
28.食品管理制度	4	28-1	食堂严格执行《中华人民共和国食品安全法》和食品验收制度	1	实地查看，查阅资料，根据实际情况计2~4分			
		28-2	做好饮食卫生管理，严格执行幼儿食品留样48小时的规定	1				
		28-3	食堂开展食品安全监管理并达到B级以上	1				
		28-4	近3年没有发生过食品安全事故	1				

六、保育内容　　　　　　　　　　　总分：30分　　　　　得分：

项目	项目分值	指标编号	指标内容	指标分值	计分办法	指标得分	项目得分	扣分原因
29.如厕盥洗	3.5	29-1	如厕、洗手、饮水的时间安排和组织方式合理，有效避免幼儿拥挤和消极等待情况的发生	1	实地查看，根据实际情况计2~3.5分			
		29-2	幼儿可以因需如厕，并注意做到保护幼儿的自尊和隐私	1				
		29-3	在需要洗手的环节，保教人员和幼儿自觉洗手	0.5				
		29-4	幼儿基本养成适时适量饮水的良好习惯	1				
30.幼儿进餐	4	30-1	进餐时间和护理方式能够照顾到幼儿的个体差异与满足不同幼儿的需要	1	实地查看，根据实际情况计2~4分			
		30-2	餐点前后的活动和过渡环节安排合理	1				
		30-3	餐具适合幼儿使用，符合卫生保温要求	0.5				
		30-4	教师通过积极的方式引导幼儿养成良好的饮食习惯和文明的进餐方式，注意鼓励与培养幼儿独立进餐与服务的能力	1				
		30-5	幼儿形成与年龄相适应的良好用餐习惯和自理能力	0.5				
31.幼儿午睡	3.5	31-1	午睡时间安排合理，具有一定的弹性，有利于幼儿睡眠	1	实地查看，根据实际情况计2~3.5分			
		31-2	午睡环境温馨，有利于幼儿午睡	1				
		31-3	幼儿午睡期间有足够的成人监护，护理方式适宜	1				
		31-4	幼儿表现出与年龄相适应的良好的自理能力	0.5				

六、保育内容　　　　　　　　　　总分：30分　　　　　　得分：

项目	项目分值	指标编号	指标内容	指标分值	计分办法	指标得分	项目得分	扣分原因
32.区域活动	5	32-1	区域设置和墙饰布置安排合理，内容符合幼儿的年龄特点	2				
		32-2	为幼儿提供的废旧材料充足，有层次、卫生、安全，并将教育意图蕴含在材料中	2	实地查看，根据实际情况计2.5~5分			
		32-3	充分利用本地丰富的自然资源以及区域优势，创造体现区域特点和特色的活动	1				
33.户外活动	3	33-1	建立户外活动规则，有组织地开展集体活动	1	实地查看，观察幼儿和教师的表现，根据实际情况计1.5~3分			
		33-2	做好幼儿参加户外活动前的准备工作，并为幼儿提供丰富可选择的教玩具	2				
34.入园离园	5	34-1	幼儿入园后能根据需要自主进行活动	2				
		34-2	在离园前为幼儿安排各种活动（如避免长时间等待，允许儿童游戏）	2	实地查看，观察幼儿和教师的表现，根据实际情况计2.5~5分			
		34-3	热情接待幼儿入园（如教职员工表现热情，面带微笑、语气和蔼），离园组织有序（如准备好儿童要带走的物品）	1				

第一篇 课题研究

项目	指标编号	指标内容	指标分值	计分办法	指标得分	项目得分	扣分原因
六. 保育内容							
		总分：30分				得分：	
35. 集体教学活动 项目分值 6	35-1	活动设计有针对性、层次性，趣味性和挑战性	2	实地查看，观察幼儿和教师表现，根据实际情况计3~6分			
	35-2	符合幼儿的年龄特点，贴近幼儿的生活经验，满足幼儿的发展需要，有集体活动的价值	2				
	35-3	师生关系平等融洽，注重形成双向互动、互相启发、互相推动、共同进行的学习共同体	2				
七. 幼儿发展							
		总分：30分				得分：	
36. 身体、体能、认知发展 项目分值 12	36-1	3岁以下每年体检两次，3岁以上每年体检一次	2	查阅资料，观察幼儿在活动中的表现，根据实际情况计6-12分			
	36-2	体检合格率达100%以上	2				
	36-3	95%以上儿童的身体机能和基本动作协调，体弱儿、肥胖儿体质有一定提高	2				
	36-4	幼儿认知能力（如语言理解能力、语言表达能力、前阅读能力、数概念、观察力）发展较好	3				
	36-5	基本动作包括各大肌肉动作（走、跑、跳、钻爬、投、平衡、综合动作技能、操节）发展符合相应年龄段要求，动作协调，灵活	3				

七、幼儿发展　　　　　　　　　　　　　　　总分：30分　　　　　　　得分：

项目	项目分值	指标编号	指标内容	指标分值	计分办法	指标得分	项目得分	扣分原因
37.心理健康及个性发展	9	37-1	幼儿在集体生活中情绪安定、愉快，喜欢和信任老师，乐于与人交往	3	观察幼儿表现，根据实际情况计 4.5~9分			
		37-2	喜欢参加群体活动，在活动中懂得与他人相处的方式和礼仪，能与同伴友好相处，懂得关心和尊重他人	2				
		37-3	在活动中表现自信、自主；能初步感受自然、生活和艺术中的美	2				
		37-4	有良好的安全和自我保护意识，不跟陌生人走，不远离成人；不玩危险游戏、不去危险的地方	2				
38.行为习惯及自我服务能力	9	38-1	幼儿生活、卫生、学习习惯良好，有基本的生活自理能力；坐、行、读、画等姿势正确	3	观察幼儿表现，与幼儿交谈，根据实际情况计 4.5~9分			
		38-2	懂礼貌，会说基本的礼貌用语，乐于与人交流	2				
		38-3	活动中有规则意识和任务意识，活动后能及时整理物品等	2				
		38-4	在集体和家庭中都能主动做好力所能及的事情	2				

幼儿园得分汇总表

名称	总分	自评得分	评估得分	扣分原因

课题三：家园沟通中存在的问题及其改善策略研究

【相关概念】

家园沟通：是指幼儿园与幼儿家庭、教师与家长之间分享信息、思想和情感的过程，力求通过信息交互作用来影响彼此的看法、决策和行为。

家园沟通中的问题：是指幼儿园与家庭之间需要研究解决的疑难和矛盾。

家园沟通策略：是指有助于合理、优化地进行家园沟通的，具有智慧型的语言、手段、技巧、原则等。

家园沟通工作是新时期幼儿园教育的重要工作，家长是我们幼儿教育的同盟军，只有做好家长工作，实现家园同步，才能更好地完成幼儿园的教育任务。力求通过课题研究提升教师的专业素质，改变家长的教育观念，畅通家园沟通的渠道，形成家园共育的合力，更好地促进幼儿健康和谐地成长。

一、课题研究的背景

提升幼儿园的办园质量，离不开家长的支持、理解和帮助，幼儿园必须注重对家长的影响、指导和帮助，同时要畅通与家长的沟通渠道，与家长保持良好的沟通，让家长及时了解幼儿园的工作理念、教育理念以及相关的要求和做法，做到家园同步，只有这样，才能更好地完成幼儿园的教育任务，促进幼儿的和谐发展。但是随着经济和社会的发展，家长的文化层次与之相伴的教育期望越来越高，家园沟通在某些方面存在一些不尽如人意的地方，

所以拓展家园沟通的途径，提升家园沟通的水平，是幼儿园的需求、家长的需求和社会的需求。

这是一项机遇与挑战并存的工作。另外，我园在"十一五"期间还参与承担了山东省教育科学规划课题"山东省幼儿园教育资源配置的现状调查即合理配置的对策研究"的子课题"合理配置家长资源，促进家园合作的研究"，积累了一定的家园合作经验，因此在"十二五"期间，我们确立了"家园沟通中存在的问题及其改善策略研究"这一课题，对家园沟通中存在的问题及其改善策略进行针对性的研究，希望我们的家园沟通工作有新的突破，共同促进幼儿全面和谐地发展。

二、课题研究的目标及意义

家园沟通的最终目的是提高家长的家庭教育指导能力，实现良好的家园沟通，共同促进幼儿全面和谐地发展。本课题旨在以《纲要》《规程》《指南》和陈鹤琴家庭教育思想为指导，科学分析现有沟通中存在的问题，寻找合理的沟通方式或技巧，力求通过研究畅通家长与幼儿园之间的沟通渠道，使教师了解幼儿，家长了解孩子，老师了解家长，家长理解教师，提高家长的科学育儿水平，优化与家长的关系，打造共同的愿景——让幼儿利益最大化，让幼儿得到最好的发展。

三、课题研究的内容

（1）研究各年龄段幼儿的家长心理需求特点。

（2）分析整理家园沟通中存在的问题。

（3）对沟通方法多样性进行研究。

（4）对沟通语言有效性进行研究。

（5）对家园沟通中的有效策略和有效途径进行研究。

四、课题研究的方法

我们将以行动研究法为主，结合问卷调查法、经验总结法、文献法等。

（一）行动研究法

行动研究法是指在实践中获取多方面的信息，在行动中探索策略，做好观察记录、个案记录，进行各子课题总结，形成最终成果并进行分析和研究。

（二）问卷调查法

通过问卷调查，多方面倾听家长对幼儿园和教师的要求，调查我园家长和教师对于家园沟通的现状以及家园沟通中新的需求，以便于我们更有针对性地开展课题研究。

（三）经验总结法

在研究过程中，教师将课题研究的得失和感悟采用案例、实录、随笔等方式进行总结，使课题组成员相互学习，取长补短，共同提高。

（四）文献法

检索中外有关家园沟通的文献，研读陈鹤琴家庭教育思想专著，并进行比较研究。收集和分析不同的方法、策略，对共性问题进行深入的诊断和分析。

五、课题研究的保障

（一）分工明确，管理到位

成立课题组，由幼儿园业务园长任课题组组长，挑选具有一定教科研能力的教师为课题组成员，并根据个人的特点和课题研究的内容成立各小课题组，由各位骨干教师担任小课题组组长，带领全园教师参与，形成一种有效的研究工作机制，确保课题研究顺利进行。

（二）加强学习，更新观念

围绕家园沟通中存在的问题及其改善策略这一主线，树立服务为先、问题导入、追求创新的思想，倡导教师上网或运用其他方法收集整理各种文献，倡导互动式学习、培训和研讨，力求通过富有成效的培训学习，提高每位教师的研究水平。

（三）抓好落实，注重积累

在课题研究的过程中，各小课题组要紧紧围绕课题研究的内容定期开展，将课题研究有效地与日常的家园联系工作结合在一起，落实到自己的工作中，同时还要求各成员注重资料的积累，按时将案例实录、论坛内容整

理、家园书信来往等过程性资料规范入档，追求量与质的双重提高。

六、课题研究的过程

（一）准备阶段（2011年7—12月）

（1）课题的论证和申报立项。

（2）选择组建课题组，共同研究制订计划。

（3）组织课题组成员进行文献学习和课题论证，并完成课题研究的理论文献的收集、整理工作。

（4）撰写开题报告，召开课题开题报告会。

（二）实施阶段（2012年1月—2013年7月）

（1）组织各级教师的交流活动，征集教师们遇到的困惑，形成问题集，并设计调查问卷。

（2）举办多种形式的家长论坛，广泛征求家长意见，研究问题解决策略。

（3）将解决策略运用到实际交流和教育过程中，并提出相应的改进策略。

（4）要求老师们撰写各类案例分析以及教育研究经验文章。

（三）总结整理阶段（2013年8月—2014年7月）

（1）汇编教师案例，形成《智慧册》。

（2）整理家长来信以及教师与家长的网络交流材料，汇编成《家园咖啡屋》。

（3）将征集的家长意见及解决策略汇编成《宝贝计划》。

（4）将从各种渠道获得的良好的沟通策略汇编成《与您有约》。

（5）撰写课题研究报告。

（6）申请结题。

七、研究成效

通过3年的实践和研究，我们更加有效地增进了幼儿园与家庭之间的相互了解，使幼儿园教育与家庭教育密切配合，形成了较好的教育合力，让家长更加了解幼儿教育的特点和规律，整体提高了家长的科学育儿水平，增进了教师与家长的亲切感，家长也更能理解教师的辛苦，同时教师的沟通能力、理论水平等专业素质得到了进一步提升，促进家长、幼儿园、教师之间的合作，师幼关系和亲子关系更加融洽，现将研究成效总结如下。

（一）教师的发展

为了不增加教师的负担，为了使教师的自主发展体现在课题研究中，我们立足园本，将课题研究有效地并入教研活动、家园活动等平时的教育教学工作中，牢固树立"课题研究即日常工作""日常工作即课题研究"的工作思路，在园内积极营造良好的学习研究氛围，经过3年的实践与研究，教师们的科研水平与专业素质都得到了长足的发展，主要表现在以下几个方面。

第一，表现在师幼关系上。因为要想和家长建立畅通的沟通渠道，就必须搭好"桥梁"，这座桥梁就是孩子，因为有了对孩子的深刻了解，才能和家长进行有效的沟通，才能让家长和我们建立亲密的信任关系，我们所有工作的最终目的都是促进孩子的发展。所以在课题研究的过程中，各位教师更加意识到研究孩子的重要性，观察了解每位孩子的发展状况，也是我们课题研究的一项重要内容。在研究孩子的过程中，我们的师幼关系慢慢地发生了变化，这是课题研究取得的最大成功。

第二，表现在指导家长的家庭教育上。通过实践研究，老师们更深刻地了解到幼儿教育的真谛，了解到家长的需求和实际育儿水平，所以在指导家长进行家庭教育时更有针对性，能从多角度出发帮助家长提升科学育儿的能力。

第三，有效地提升了教师的沟通能力。通过课题研究，教师的沟通能力都得到了大幅度的提高，大部分教师能够根据家长和幼儿的特点提前精心备课，采取有效的沟通方式，达到良好的沟通效果。

第四，表现在服务意识上。以前家园协作的重点是教师单方面地做家长工作，重点是让家长配合幼儿园完成教学计划，对于家长的需要和想法考虑得较少。在课题研究的过程中，教师也在边实践边思考，通过各种形式，调动家长的主人翁意识，鼓励家长积极主动地参与到幼儿园的日常工作中，和教师一起探讨教育的新思路、新方法，使教师成为家长的朋友。随着课题研究的进一步深化，教师的工作变得主动、灵活而多样化，教师以指导者、解惑者、参与者的身份与家长合作，更好地服务于家长与幼儿，从而使幼儿的

第一篇 课题研究

各方面都有很大的进步。

第五，表现在科研素养上，教育科研是一个培养创新意识和创新精神的过程，是一个教师对自己更加严格要求，不断提高实践能力和理论水平的过程，课题组成员勤于反思、善于总结，将思考和探索写成文字，参加论文评比并多次获奖。例如，白桂云的《沟通从心开始》和《幼儿园里的三件事》发表在《幼教园地》；李曰美的《影响幼儿心理健康的因素》和《对一个语言发展障碍儿童的个案研究》分别发表在《幼教园地》和《现代教育报》；刘洪霞的《浅谈幼儿良好行为习惯的养成》发表在《现代教育报》；耿莎的《如何培养独生子女的合作能力》获市二等奖；我园亲子共建自制教玩具《神奇的毛笔》《猴子摘桃》获省教玩具比赛一、二等奖。

（二）家长的转变

很多家长普遍认为把孩子送入幼儿园，教育就自然成为幼儿园的事情，而且很多家长都希望幼儿园小学化，究其原因是家长们错误的教育观念。针对这些现象，结合课题的开展，我们利用各种渠道细致地向家长宣传正确的教育理念，并积极组织亲子活动，如亲子运动会、游园会、亲子手工大赛、才艺大赛等，这些活动的开展使家长领略到幼儿教育的风采和趣味，帮助家长树立了正确的教育观。

1. 家长的教育观念不断更新

在课题开展的过程中，我们充分利用家长论坛、书信联系、建立飞信群、园报、《家长园地》和每周的活动表等各种形式与途径，转变家长的教育观念，帮助他们走出教育的误区，逐步掌握科学的育儿方法。

2. 家长的参与意识不断提高

原来组织活动时家长只是看客，是观众。自开始这个课题研究以来，我们转变了工作思路，让家长参与到我们的每一个活动中，因为有了前面的铺垫，家长都非常自觉地走进我们的幼儿园，走近我们的孩子，走近我们的老师，真正地成为我们课程、我们幼儿园的一分子。

例如，在春季幼儿园组织的"摘草莓——大型亲子游园踏青"活动中，很多家长自觉地担当起组织者，负责联系车辆，收缴车费，给孩子们照相，等等。

再如，"庆五一大型亲子运动会"，从裁判到组织再到摄影都有家长们的身影，他们和孩子、老师们一起忙得不亦乐乎，全园600多名家长齐上阵，和孩子们一起表演亲子操，一起做亲子游戏。运动会中我们设计了家长拔河，没想到的是，家长们的热情超出了我们的想象，仿佛他们也回到了自己的童年时代，让我们看到了家长们可爱的一面。

又如，庆六一文艺演出，我们的家长们自觉组织起来，给孩子们表演节目，给孩子们带来各种各样的礼品、玩具、零食，在班里和孩子们一起过节。

现在幼儿园里有什么活动，忙前忙后的不仅是幼儿园的老师，还有家长朋友。例如，在实践活动"包水饺"时，家长们自愿为孩子们买肉馅、送面、送油，积极地配合老师，还带面板、擀面杖、锅盖、电饭锅、电饼铛等包水饺和烙馅饼用的物品。

我们的活动不仅锻炼了孩子，成长了老师，更是锻炼出了一批敢于参与、乐于参与的好家长。因为有了家长的参与，教师的改变，我们的孩子也发生了变化，并且受益最大的也是我们的孩子；因为有了爸爸妈妈的参与，孩子变得更加自信；因为有了这些活动的历练，孩子们多了种种难忘的经历。而这也正是课题研究带给我们的转变，它让我们换一种思维来想问题，换一种方法来解决问题，它让我们静悄悄地变化着。

随着课题的开展，家长现在越来越愿意参与幼儿的活动，并且有许多家长主动要求帮忙，家长在一次次亲子活动中，教育观、儿童观发生了很大的改变，他们在评价孩子时更加科学、客观，也更加公正了。通过参与课题的研究，通过与老师的交流，通过参与幼儿园的活动，家长们的参与意识进一步提高，家园协作意识也进一步增强。

3. 家长的育儿知识不断丰富

为了不断丰富家长们的家教经验，我们向家长推荐了各类书籍，开展各种家长讲座、论坛。很多家长通过学习后觉得自己的教育观念和教育方法有了很大的提高，也真正体会到教育的乐趣，感受到孩子成长的快乐。

（三）家园关系更和谐

因为从事这一课题的研究，我们有意识地为家长和教师提供更多零距离接触的机会，家长走进幼儿园，了解教师、了解幼儿园教育的机会越来

多，如通过微信平台，教师不再停留于仅仅向家长发送各类通知这个浅层次的交流层面，而是深入幼儿的学习、心理、行为等多方面与家长沟通交流，因此主动回老师短信的家长越来越多。不少家长甚至深情地对老师说："您是我孩子的第二父母，您对他的了解真是细致，我们做家长的都自愧不如。"正是出于同一个目标——把幼儿培养好，我园的老师和家长总能互相理解、互相配合，齐心协力，共同为教育好幼儿而努力，让家园关系更和谐了。

（四）为后续的教研积累了些许材料

实践是快乐的，研究是幸福的，这种快乐和幸福是因为我们不断地收获。课题组的老师利用课余时间记录整理了一系列资料，如我们将教师与家长的沟通实录整理成册；将教师与家长往来的书信汇编整理成《家园咖啡屋》；将家长意见及解决策略汇编成《宝贝计划》；将从各种渠道获得的良好的沟通策略汇编成《与您有约》。这些来自一线的实践智慧，都为后续的教研提供了参考材料。

八、分析与讨论

交流与沟通是人们进行情感和信息传递最主要的方式，幼儿教育的进程就是师幼之间、家园之间交流的进程。交流越广泛、越深入、越顺畅，教育就越成功。在课题研究中，我们越来越认识到家长应该是最了解孩子的，如果幼儿园能最有效地与家长沟通、交流，与家长施行共同教育，幼儿园教育就会取得事半功倍的效果。

正因为我园始终注重与家长的密切联系，一直把家长看作我们教育的同盟军，所以我园与幼儿家长保持着友好、合作、共赢的关系。正是这种紧密的家园联系，让教师与家长始终能够互相理解和体谅，让家庭能够信任并支持我园的发展。

这个课题给了我们很多启发，在以后的工作中我们会继续课题研究，以这个课题研究为新的起点，继续寻找更有效的与家长沟通的方式和策略，让幼儿在良好的家园关系中幸福成长。

参考文献

［1］郑福明.幼儿园教育与家庭教育［M］.长春：东北师范大学出版社，2003.

［2］姚梅林，郭芳芳.幼儿教育心理学［M］.北京：高等教育出版社，2014.

［3］徐立芬.家园合作共育新苗［M］.北京：中国劳动社会保障出版社，2006.

［4］教育部基础教育司.《幼儿园教育指导纲要（试行）》解读［M］.南京：江苏教育出版社，2002.

［5］李生兰.幼儿园与家庭、社区合作共育的研究［M］.上海：华东师范大学出版社，2003.

第一篇

课题研究

2

第二篇

名师教研

每个人的成长都离不开集体，我也是在大家的帮助下慢慢成长起来的。在成长的过程中，我深深体会到脚踏实地的教研对一个人的促进和影响作用，我愿意用我对教研工作的热爱去影响周围的老师，哪怕对他们的影响只有一点点。

我们在路上

为了全面贯彻落实《纲要》及《指南》的精神，加强幼儿园课程建设，提升教师的教学研究能力和课程指导能力，促进全县幼儿教育的均衡发展，我县自2015年开始正式形成县、镇、园三位一体的教研网络，启动了"一月一园一研一主题"的教研活动模式，我有幸成为这个项目活动的重要参与者。在这里，我将对教研组建设和实施的一些情况做一下简要说明。

一、明确目标，组建团队

为了充分发挥引领和促进作用，确保教研活动的高质量开展，我县对教研组成员严把关、高要求，通过自愿报名—幼儿园推荐—主管部门审核等程序，最终确定吸纳乡镇辅导员、省特级教师、市教学能手、市县学科带头人、幼儿园骨干教师共85人，成立了综合、游戏、生活三个教研组。推选教研组长3名，副组长5名，共同研究制定了教研组活动章程、教研组活动方案、教研组活动计划，同期建立完善了网络教研组建设，开拓全方位沟通渠道，实现了教研活动沟通零障碍。

二、扎实有序，开展活动

根据教研活动计划，结合各园所的具体情况，我们确定了22所幼儿园为教研活动基地，各组以"一月一园一研一主题"的教研活动模式有序开展活动。月初各教研基地园公布教研活动方案，其他教研组成员以教研基地园的教研活动方案为蓝本，结合自己本园的实际情况，制订适合自己本园实际的教研活动计划，并积极进行实践研究，最后把自己的问题带到集体教研活动中，教研完成后，大家再次回到本园进行实践。

通过多次的教研互动，我们逐渐形成了这样的教研模式：教研基地园公布教研主题—各园确定教研主题—实践—反思—集体教研活动—再实践—再反思。

在教研活动期间，大家还不停地利用网络平台进行交流探讨；在教研活动中，因为有着共同的研究，因为有着不一样的实践，教师们不再是被动地参与，而是敢于在活动中提出自己的观点，有碰撞、有交织、有质疑、有共识，能够产生思维的火花，形成新的认识。

三、携手前进，初见成效

通过参加县级教研活动，各级教师对园本教研活动有了更深刻、更明确的认识，懂得了如何选择教研问题，如何确立主持人，如何选择教研方法，如何实施教研过程，如何把教研问题带回到实践研究中促进幼儿的发展，教师的园本教研组织能力得到了有力的提升。

同时，每月走进基地幼儿园的教研模式，大大促进了各园教育质量的提升。通过一学期的教研，我县各园的一日常规工作更加规范、科学，更加坚决地落实了以游戏为幼儿园基本活动的原则，各园还在原来的基础上为幼儿投放了大量的户外活动器械，创设了更加丰富的游戏环境，促进幼儿发展的目标在各种教研活动中得到了落实。

四、主动参与，不断成长

自2015年始，我县成立了县、镇、园三级教研网络，构建了一整套完整的教研体系，在游戏组、生活组、片区联盟的基础上，开启了城乡联动、园园联动的大教研活动。2015—2017年我担任县游戏教研组组长，2017年又带领部分教研骨干成立了白桂云名师工作室，2019年成为山东省首批齐鲁名师领航工作室主持人，我的名师工作室在原来的基础上又进行了新的调整。非常感谢我县教体局学前教育幼教科冯爱梅主任给予我的指导和帮助，也非常感谢和我一起开展过无数次教研活动的教师们，我在与大家一起研究的过程中，不断地成长。

第二篇 名师教研

这几年在与大家一起进行教研的过程中，有引领、有实践、有反思。在这一篇章，我将选择一部分教研活动的方案、记录、实录、总结以及反思来和各位读者进行交流，因为篇幅有限，不能把近几年所有的教研过程都呈现给大家，但还是希望现有的内容能给大家带去一些启发。

游戏教研组活动方案解读

2015年，我们教研组刚刚成立时，对教研组活动方案进行了解读，现在看来虽然觉得有些稚嫩，但却代表着我们一个崭新的开始和美好的愿望。

一、我们的出发点

全面落实《纲要》及《指南》的精神，深化幼儿园教学研究，充分发挥骨干教师在一线教学改革中的作用，在县幼教科的引领下，全体游戏教研组研究人员组成强大的教研团队，积极开展理论与实践相结合的专题研究，以研带学、以研促教、研训结合，不断提高教研活动的实效性，提高教师的专业意识和能力，带动全县幼儿园整体教学质量的提高。

二、游戏教研组研究的内容及范围

主要开展游戏活动、课题研究、0~3岁亲子教育、幼儿研究与支持（包括幼儿行为观察、幼儿个体差异研究与支持、幼儿学习研究与支持、幼儿发展评价与激励）等方面的研究。

三、我们的目标

（1）通过参与式教研与培训激发教师对游戏活动的深入研究，促使教师结合幼儿游戏的现状制定教育策略，明确游戏材料的投放形式与幼儿行为的关系，探索教师如何在游戏中推进幼儿的学习和发展，提升教研活动的专业性与有效性。

（2）在教研互动，分享交流，案例分析与解读、反思等活动中拓展教师的思维，引发教师对游戏质量的关注和思考，提高教师游戏指导水平和实践能力，推动幼儿园游戏工作有效地开展。

四、实施措施

（1）采用多元化教研模式提高活动的有效性。通过参与式教研、问题式教研、诊断式教研、案例研究等形式，让教师走进教育现场，走进幼儿的游戏，用心解读幼儿的行为，发现幼儿的需要，及时为幼儿提供帮助。

（2）每月中心教研组全体人员围绕主题进行研究，月底进行展示和交流，利用群体智慧共同解决教育瓶颈问题。教研组人员平时多进行相关理论的学习，不断提高自身的理论水平。

（3）勤于梳理与总结。教研组成员时时反思自己的教育行为，不断总结有益经验与做法，不断提高专业能力。

五、活动流程

（1）根据活动安排，每个承担教研现场的课程实验基地负责人于前一个月的下旬制订出活动方案，并提交组长审批。

（2）组长通过后于每月1日发给各园教研组人员实施，每个幼儿园可根据本园实际情况开展主题背景下的子课题研究，但要保证研究内容与计划一致。

（3）各园实施时将研究内容落实到一日活动中，建立第一手活动资料与观察记录，并及时整理心得与收获、问题与困惑，已备集体教研时交流与探讨。

（4）每月末进行集中教研汇报，形式主要有观摩课程实验基地"游戏现场"、尝试与体验、交流反馈、问题诊断、现场评价等，大家在解决问题的同时提出整改意见，以促进课题的后续实施。

（5）对于教研过的课题，根据教研组意见，各园进一步进行后续研究，并在阶段性成果展示和全年成果展示中分享后续研究取得的进展与成果。

（6）关于成果展示，各园根据统一安排进行阶段性成果梳理和全年性成果汇总，根据上报材料，评选出落实较好的幼儿园进行成果分享，并颁发相关证书。

（7）每次活动后要及时组织材料并编写好简报。

六、活动安排

当前面的工作完成后，我们就要制作活动安排明细表（见表2-1）。

表2-1　活动安排明细表

时间	内容	地点	主持人	简报编写
3月下旬	教研组活动启动会议与各组活动方案解读	实验小学幼儿园	胸凤霞 白桂云	胸凤霞 白桂云
4月	户外游戏材料的投放	陈户镇第一中心园	白桂云 张翠芝	张翠芝 王毓玲
5月	建构区游戏材料的投放	开发区中心幼儿园	赵　磊 李少洁	赵　磊 李少洁
6月	社会性区域游戏的有效开展	实验小学幼儿园	胸凤霞 曹怀香	曹怀香 齐　卫
7月/8月	阶段性成果展示	第一小学幼儿园	白桂云 胸凤霞 李顺玉	李顺玉 周文霞
9月	户外游戏中幼儿行为的观察	博奥幼儿园	白桂云 张倩倩	张倩倩 刘楠楠
10月	建构游戏中幼儿与材料互动的有效性观察	京博幼儿园	孙淑华 胸凤霞	魏丽香 李海玉
11月	社会性区域游戏中幼儿行为解读	兴福镇中心幼儿园	白桂云 王玉红	王玉红 崔云丽
12月/1月	全年教研组成果展示与总结	实验幼儿园	白桂云 王　霞	王　霞 李日美

第二篇　名师教研

与教研相遇　与责任同行

——2015年博兴县学前教育游戏教研组工作总结

2015年是我生命中很重要的一年：工作满20周年、进入不惑之年、加入县教研组，认识了一群认真、执着、热情、真诚的幼教。9次相聚，40多个小时的相处，虽然时间不长，却紧紧地把我们联系在一起，我们好像又回到了学生时代，每一次都要认真预习、积极回答问题、课后及时复习、认真完成作业。我真的像一个小组长一样，在向我们县学前教育科提交教研作业前，我认真批阅小组成员的每一篇作业，有时候还无情地让大家返工、重写。一年来虽然很忙碌，但反而感觉整个人更平静了，少了很多浮躁。我们在一起不是同事，不是朋友，更像亲人，这让我坚定地相信，人与人之间一定是有精神上的亲缘关系的，谁能真正理解我们，谁就和我们有血缘关系。我想我们这一群人就是有血缘关系的，所以我们才得以相遇、相聚，一起度过了一段又一段难忘而又快乐的教研时光。

下面我代表游戏教研组所有教师总结反思我们一年来的活动情况。

一、与教研相遇，让我们收获许多

通过品读大家的总结和聆听大家细数一年来的收获，我们的答案竟是那样的高度一致，真应了那句话：一家人不说两家话。

（一）参与的是交流，提高的是认识

1. 理念上的统一

全县教研组的成立和教研活动的开展，为我们搭建了一个很好的平台，

我能感受到大家最明显的变化就是，理念上的统一认识提高了，通过教研中的交流和互动，让我们对游戏有了更深刻的认识，对游戏材料的投放、游戏环境的创设、游戏活动的组织与实施也有了明确的认识。

2. 对教研活动认识的提高

在我工作的20年中，我们县域内园与园之间的交流从来没有像现在这样密切，只因为我们走出去了，只因为我们联系起来了，我们惊喜地看到了什么是真正的教研。我觉得王霞老师的总结中有一句话说得特别好："集体教研让我们做到了资源同享，优势互补，携手发展。"很多老师也在总结中说到，原来真不知道怎么开展有效的教研活动，通过集体教研，我们不但学会了教研活动的组织流程，更懂得了如何组织和实施教研活动，如何通过教研活动提升教师的专业素质。

（二）实践的是过程，得到的是经验

我有幸参与县里的综合督导工作，在大教研前后每走到一所幼儿园，都能看到大家在幼儿园实践的影子。我们是实践者，我们必须把看到的、学到的带回我们的幼儿园，在我们的工作中进行实践。在实践的过程中，在参与的过程中，其实最大的受益者是我们自己。

因为集体教研，我们的生活变得丰富了。除去原来的工作，我们每个月都要为集体教研做许多准备，活动前认真收集相关材料，不断进行实践认证，活动中更要积极参与。很多老师在总结中提到，从原来的不敢说，到在这种平等、开放、真实的教研活动中大胆地发表自己的意见，再到教研活动后的梳理、提升，回到幼儿园的交流，这一系列的活动中，我们的内心不断得到丰富，自信不断被提升。这一切都因为我们身在教研中，在实践中。2015年对于我们每个人来说都应该是难忘的一年，虽然忙碌、紧张，但充实而又快乐。

（三）投放的是材料，看到的是变化

以上两点都是一些隐形的、看不到的东西，但也正是这些才能让我们永葆教育的活力。如果说能够直接看到的变化，那便是各园游戏材料的丰富，游戏材料的合理投放是幼儿游戏活动的物质基础，各园的变化在这里不再赘述。我们投放的是材料，但我们看到的、收获的是幼儿们在活动和游戏

中惊喜的变化，他们变得更乐意参与，变得更会游戏，变得更富有创造性，等等。

（四）付出的是辛劳，收获的是责任

在与大家共同成长、共同研究的日子里，我能真实地感受到大家的热情和执着，但更能感受到大家身上的那种责任和使命感。例如，陈户镇第一中心园的教师们为了给幼儿创设良好的户外活动环境，他们一次次地教研、调整、修改；城东街道中心园和实验小学幼儿园努力根据幼儿们不同的年龄投放不同层次的建构材料与社会游戏材料；博奥幼儿园的教师们为组织教研活动一次次地录制、筛选案例，一次次地修改教研活动设计；实验小学幼儿园的教师们精心为我们提供了两个活动现场和现代化的交流设备；还有兴福镇中心幼儿园让人难忘的"大拇指照相馆"和"赶大集"活动……每一次教研，这些承办幼儿园的主持人和老师都是绞尽脑汁，想把最真实、最值得研究的案例和场景提供给我们。在他们身上，除去热情，更多的是责任，这是我们每个人身上都共有的责任：让我们的孩子得到最大化的发展，让我们的老师得到最大化的提高。

我们也经常会被感动，但光靠感动和热情来做事是不可能走远的，只有责任感和使命感，才能让我们坚持做事，才能让我们在有限的范围内"创造自己的价值"。只要有责任感，不管多么微小的贡献，都可以慢慢累积成一股不可忽视的力量，或者成为一种无形的价值。这一年来，我们每次都认真投入地参与，支撑我们的也是我们身上的责任，我们是一个纽带，我们要有能力带动本园、本镇教研活动的发展。这一年来，我们付出的是辛劳，但我们收获的是责任，只有这种责任感，才能让我们坚持走下去。

（五）感受的是真诚，增长的是智慧

我之前布置了一个任务，让大家想想我们的教研活动的形式存在什么问题，还有没有更好的展现方法，没想到大家的意见出奇一致，都觉得每次的教研活动都很轻松、很有趣、很真实、很平等，可以说出自己的心里话。其实我也非常享受每一次的教研活动，大家真诚地交流，在每一个互相交流的时刻，我们的心里都是干干净净的，都是直接表达自己当时真实的想法，从来不怕说错什么，把想说的都说出来。而且，每次分组虽然都是随机的，但

每次都能感受到强烈的团队意识，起初我还担心，主持人提出问题后，会不会交叉重叠的答案太多？但事实告诉我，担心是多余的，集体的智慧是无穷的。什么是智慧？当你真心做自己时，智慧自然到来。在这个集体中，我每次都感觉到我们是智慧的。当我们真心渴望追求某种事物时，整个宇宙都会联合起来帮助我们完成，我们是一个集体，我们互相影响，互为因果。

二、与教研相遇，让我们看到自己的不足

在活动中我们有收获、有提高，当然也发现了一些不足，主要表现在以下几个方面。

（一）我们的专业能力还有待提高

由每次教研活动中大家的表现以及教研活动后大家的反思性材料可以看出，我们虽然有着丰富的实践，但我们的理论水平和专业性都有待提高，一方面需要自学，另一方面也需要高层次的专家引领我们学习和走出去学习。

（二）回到幼儿园的落实情况还有待加强

很多老师都说，这一年的教研活动内容非常丰富，也很贴近大家的需要，但由于受自身原因和其他条件的限制，很多方面没有落实好，希望下一年的教研活动继续跟进，争取把这些有价值的经验运用到我们的工作中，促进幼儿健康发展。

（三）教研活动内容的量太大

通过一年的活动可以看出，我们每次设计教研活动时，总想给予教师们更多的内容，但忽略了大家实际的接受能力，有点吃得过饱、消化不良的现象。下学年的教研活动内容设置，我们会考虑老师们的实际情况，在适合上下功夫。

（四）教研过程的指导太少

由于受工作时间和自身能力的限制，我每月对提供教研现场的幼儿园的教研活动过程的指导太少，只是做到了反复和大家修改方案、斟酌案例的工作。在下学年的教研活动中，我要尽量多实地参与一些幼儿园的教研活动。

三、与教研相遇，让我们找到真实的自己

人最难做到的就是认识自己、了解自己，因为很多时候我们不愿承认自己的无知。通过这一年的教研活动，特别是在真诚而又高频率的交流探讨中，我们对自己都有了一个明确而又清晰的认识，我逐渐找到真实的自己。我们不得不承认：在很多方面我们都是贫乏的，我们需要不断地丰富和提高自己。我想我们每个人都应该从以下四个字做起。

（一）看

每个人都睁着眼睛，但不等于每个人都在看。通过下学期三次有关幼儿行为解读的教研活动，我才真切地感受到，我们必须学会看，也就是观察，唯有深度的观察，才能发现幼儿在游戏中的真实问题和游戏水平。

这里的看应该包括用耳朵听，用眼睛看，用心灵去感受。看到本身就是一种行动。所以，我认为"看"是一个值得我们研究的课题。

（二）静

只有让自己的内心变得真正的宁静，才能做好事。这里的"静"不是不动，而是要行动，要全身心地投入我们的教学研究中，只要全神贯注地做某件事，我们便可以超越任何思想和时间、空间的限制，进入一种安静的状态。只有专注做事的人，方能得到真正的宁静，只有内心变得宁静，我们才会找到真正的自我。

（三）思

思不是单纯地闭起眼睛想事，而是多学习、多实践、多反思，多问自己几个为什么，怎么做，还有没有更好的方式。只有我们钻进去，乐在其中，把它做到所能做到的最好程度，我们才是快乐的，我们的生活才是充实的。

（四）行

看到就是行动，行动就是智慧，行动就是力量。我们不仅要会学、会研、会思，更要行动，也就是踏实认真做事、实践。什么是实践？无论做哪一件事情，只要从头到尾一直做，自然会形成一种热情、一种坚持、一种责任，这就是实践。

每一次教研活动都会有一种意犹未尽的感觉，慢慢地，我明白：达到游

戏的最高境界，能够正确地解读幼儿的行为，从而为幼儿的发展提供帮助，推动幼儿向前发展，这是我们教研组共同的信仰。但是美好不可一日到达，超越永无止境，彼岸永远存在，只要我们坚定地走在这条路上，与幼儿同行，与责任同行，我们就是快乐的、成功的，希望我们的教研活动能沉淀成光阴酿成的一坛美酒，芬芳醇厚。

反思我们的教研活动

近几年，随着《指南》《标准》《规程》和学前三年行动计划的颁布与实施，学前教育被高度重视，高质量的教育也成为人民大众的共同追求，如何才能达到真正的"高质量"，也是每一个学前教育工作者努力思考和实践的关键问题。

毫无疑问，高质量的学前教育需要高度专业化的教师队伍，《中共中央 国务院关于全面深化新时代教师队伍建设改革的意见》明确指出：全面提高幼儿园教师质量，建设一支高素质善保教的教师队伍。

高质量的幼儿教育是指适合孩子的教育；高素质、善保教的教师是指善于组织开展适合孩子年龄特点、发展规律、学习方式及学习特点的保教活动的教师，这就需要教师具有专业的组织、实施、研究、开发课程的能力，这些能力的提高和发展都离不开实践，离不开我们的教研活动。

在这种新的形势要求下，我们如何通过学前教研工作加快教师队伍的提升，提高教师的专业素质呢？结合我园的实际情况和我自己的一些实践经验，简单地梳理和反思几点不成熟的想法。

一、做好传承与发展

（一）立足现实，用好资源

我县于2015年启动了全县大教研活动，成立了三个大的教研组，2017年又在原来的基础上增加了五大片区教研，实现了乡镇各园、乡镇与县直园所、各教研组之间的相互打通。3年的大教研活动，我们取得了很大的成效，教师的教研水平和专业素质都得到了很大的提高。我们将会在原来的基础上利用好现有资源，继续挖掘其他可用资源，完善教研网络、教研资源库的建设，为教师教研提供更有利的生态环境和条件，让我们的大教研活动开花、结果。

（二）注重过程，保证质量

教研活动的目的就是解决教师们在保教活动中遇到的困惑，提高教师解决问题的能力，在教研、反思、实践的过程中提高自身的保教水平。所以，教研要发现教师们的真需求、真问题。我们必须学会从众多的问题中分辨哪些是真问题，哪些要通过教研活动解决，通过哪种方式、哪个水平的教研组解决。我们要去做调研、做筛选、做研究，注重问题产生、解决的过程，保证教研活动的真实有效，做真正的教研。

（三）突出实效，研用结合

在教研活动中，我们确实注重了研，但忽略了用，或者说因为角色或时间的问题，我们很少跟踪指导教师是如何用的。所以，我们要在原来的基础上注重用和研的统一，要去跟踪指导教研后回到班级里是如何改变的，如何应用的；如何通过老师的研，改变幼儿的玩，改变幼儿的学。

二、做好培训和学习

研、学、培、做从来都是统一的，如果我们人为地把这几项工作分隔开，教研、培训、学习、实践便失去了它的意义。只有把这几项工作有机结合在一起，才能让它们都发挥各自的作用。我们必须创新教师的培养培训机智，做到培训、教研、学习内容的有机整合和统筹安排，研玩、研学、研教、研培，让培训、学习为教研保驾护航。

三、做好游戏课程的建设和开发

科学保教、去小学化是新时代高质量幼儿教育的标志，游戏是幼儿的基本活动形式，也是幼儿最喜爱的活动之一，我们不但要研究幼儿的一日生活，更要研究幼儿喜欢的游戏。只有去研究游戏，我们才能走上专业化的发展道路。在对游戏进行研究的过程中，教师会真正走进幼儿、观察幼儿、理解幼儿，为幼儿提供合适的活动、游戏或课程。从游戏、活动到课程虽然有一段艰难的路程，但只有从幼儿的游戏和生活中发现课程，和幼儿一起成为他们的课程建设者，我们才能成为真正意义上的专业化的幼儿教师。

所以，新形势下对教研活动的要求，离不开对幼儿游戏的研究，离不开课程的研究，这是我们的教研活动的出发点和落脚点，也是教研活动的核心。我们要为幼儿提供合适的课程，促进每一个幼儿在原有的基础上得到发展。

四、做好评价，激发教师内在的成长动力

我们现在对各教研组的评价方式还有些单一，评价的内容也仅限于学年末的述职、总结、优秀案例评选、优秀教研组评选等，过程性评价的东西较少。因此，我们该思考如何通过过程性、激励性的评价，让教师通过教研找到存在感、成长感、幸福感，发现幼儿教育的真谛。

2018年3月

有限的教研　无限的成长

——2019年名师工作室个人述职

一、教研活动回顾

（一）教研主题

2019年，我们名师组的教研主题是：集体教学活动中的观察与评价。在这一主题下又分为两个次主题：一个是集体教学中教师提问有效性的观察与评价，另一个是集体教学中师幼互动有效性的观察与评价。针对每一个次主题我们分别进行了两次集体的教研活动。

（二）教研过程

根据教研主题与教研内容，我们的教研过程一般分为经验梳理、课例呈现、观察记录、现场研讨、总结提升五个步骤。

（1）经验梳理。它可称为微型的理论培训，目的是给大家一个正确的理论引导，让后期的观察和记录有明确的目的，知道在观察中应该记录哪些内容。

（2）课例呈现。课例呈现分为两种：一是名师送教，二是青年教师执教公开课。两种课例会为我们提供不同的观察记录内容，让问题呈现得更明确。

（3）观察记录。我们每次都会根据观察内容设计相应的记录表格，并进行详细的记录，这些记录为我们的有效分析提供了一些具体的依据和生动的说明。

（4）现场研讨。现场研讨是一个智慧碰撞的过程，也是一个引导大家认真思考、拓展思路的过程。

（5）总结提升。教研后的总结是一个暂时达成共识的过程，是大家在激

烈研讨之后的心心相印。

二、个人专业成长

（一）专业知识的丰富

通过两个次主题的有效教研，我对如何进行有效提问、什么是有效的师幼互动、什么是有效的集体教学有了深刻的认识，也让我明确每一个领域都有值得我们去研究的问题，真的是越深入研究，越觉得有趣。

（二）观念的改变

1. 对儿童有了新的认识

通过在集体教研活动中观察记录孩子们的反应和回答，又一次对"儿童"这一概念有了深刻的理解。同样的环境、同样的材料、同样的教师、同样的提问，孩子们会有不一样的回应、不一样的表现、不一样的回答、不一样的收获。我们必须明确看到这些不同，为孩子提供公平的机会，让每个孩子都能得到尊重，让每个孩子都能打开自己的心扉，让每个孩子的差异都得到关注，让每个孩子都能在差异中不断成长。

2. 对教师有了新的认识

在集体教学中，我们要想做有效的教师，做能够促进孩子发展的教师，必须去研究儿童，倾听儿童，不仅要倾听其回答问题的内容，更要听其回答问题时的想法和思考以及他们的心情，与他们心心相印。

3. 对教与学有了新的认识

有效的集体教学不是单纯的教，也不是单纯的学，而是学与教的双边互动，并且要积极创造以"学"为中心的教学。要想通过观察和评价提高集体教学活动中的有效性，绝不是一两次教研就能达到的，而是需要我们不断地实践。

三、骨干教师示范引领

作为名师，我时刻严格要求自己，不忘自己身上的使命和责任，除去和大家一起送教下乡，在力所能及的范围内，我也尽最大努力去影响和带动青年教师的发展，认真组织幼儿园的教研活动，带领大家一步一个脚印踏踏实实向前走。

四、发展愿景

做好是一个教育者。不断学习先进的教育理念和教育方法，知道什么样的教育是适合幼儿的，知道如何促进幼儿的发展，能正确地把握学前教育方向。

做好是一个实践者。懂得科学规划自己和幼儿园的发展，能将先进的教育理念转化为自己的教育教学实践，促进幼儿健康、快乐成长。

做好是一个引领者。能够引领教师的专业发展，激发每一位教师内在的成长动力，陪伴他们一起成长。

我们只要全身心地投入幼儿的教育工作中，我们就一定能成长，教研虽然是有限的，但成长是无限的，让我们在有限的教研中获得无限的成长。

教研活动案例一：通过观察与解读，支持幼儿游戏的深入开展

一、教研活动方案

教研活动不仅能切实提高幼儿的创新意识和实践能力，而且对教师的成长、教师教学方式的转变都有着非常重要的意义。每次开展教研活动前，我们都会进行教研活动方案设计（见表2-2），以期活动更圆满。

表2-2　教研活动方案设计

研究问题	儿童行为观察案例研讨：通过观察与解读，支持幼儿游戏的深入开展	活动地点	博兴县实验幼儿园
主持人	白桂云、李少洁	活动时间	2020年5月14日上午8：30—11：30
问题由来	实施教育，观察先行。教师应通过有目的、有步骤、有计划的观察，获得大量的、具体的、真实的信息，并在此基础上制订、调整和实施教育计划，最终促进幼儿全面和谐地发展。所以，学会科学地观察幼儿行为并在此基础上合理给予幼儿活动的支持，成为幼儿教师专业能力的重要组成部分。但在实际的工作中，许多老师存在没有根据观察目的选取合适的观察角度，而使观察活动流于形式，观察幼儿行为后过分依赖家长的配合，针对幼儿活动的支持不能很好地促进幼儿发展等问题。本次教研活动旨在通过对儿童行为的案例研讨，来探寻儿童行为观察对于教师解读幼儿行为并支持幼儿活动之间的关系，从而促进教师的专业化成长		
活动前思考及准备	活动前思考： 观察儿童行为的意义有哪些？儿童行为观察中教师的关注点有哪些？ 活动前准备： 工作室成员可以准备自己认为比较具有代表性的主题性案例同大家交流分享		

教研目的	1.通过儿童行为案例分析，了解教师如何解读幼儿行为和支持幼儿活动。 2.通过教研活动，提升教师在日常生活中观察和评价幼儿的能力
活动形式	案例展示、案例剖析、分享交流
主要过程	一、经验梳理与问题探讨 1.观察幼儿行为的目的和意义是什么？ 2.日常生活中，教师针对幼儿行为观察的关注点有哪些？ 3.教师解读幼儿行为的途径有哪些？有哪些问题和困惑？ 4.讨论：教师支持幼儿游戏活动时容易遇到哪些问题？解决策略有哪些？ 二、案例观摩 （一）观摩欣赏幼儿园纪录片《小人国》视频片段（一）。 带着问题观摩视频案例： 1.教师在活动中对幼儿行为的关注方式和关注点是否合理？ 2.案例中，教师对活动中幼儿行为的解读和支持是否合理？是否有效？ 3.结合活动案例，讨论如何更好地做到幼儿行为的解读和支持。 （二）观摩欣赏幼儿园纪录片《小人国》视频片段（二）。 观摩后讨论：视频中的老师是如何观察和解读幼儿行为并支持幼儿活动的？ 三、讨论分享 教研组成员结合自己生活中熟悉的典型案例活动，发表自己对解读幼儿行为的能力与支持幼儿活动之间的关系的理解。 四、总结提升 由白桂云老师针对本次教研活动的观察案例，以及教师解读幼儿行为的能力与支持幼儿活动之间的关系做总结和梳理
资源呈现	案例、文本、图片等
人员分工	活动主持：白桂云、李少洁，照片拍摄：曹怀香，简报制作：李少洁
预期成果	文本资料：方案、案例、总结反思等。 影像资料：活动照片。 PPT制作：活动简报

二、教研过程实录

活动时间：2020年5月14日上午8：30—11：30

活动地点：博兴县实验幼儿园舞蹈房

参与人员：白桂云名师组全体成员和其他园所部分教师

上半场：理论回顾与梳理、小组讨论、观点分享、名师引领

（一）主持人介绍主题的由来

李少洁：2020年是不平常的一年，突如其来的新冠疫情严重地影响了我

们的生活、学习和工作。但是在我们国家的有效政策、全国医务工作者和全国人民的共同努力下，国内疫情已经基本控制，这也是我们这次教研活动得以开展的前提。教研活动的主题是：如何通过观察与解读，支持幼儿游戏的深入开展。

学会科学地观察，并在此基础上合理地给予幼儿支持，是幼儿教师专业能力的重要组成部分。但在我们周围，许多老师存在随意观察，找不到合适的观察点，观察后不能准确解读幼儿的行为，观察幼儿行为后过分依赖家长的配合，不知道如何支持幼儿游戏的继续开展等现象。本次教研活动旨在通过案例研讨，分析教师正确解读幼儿行为与支持幼儿活动之间的关系，从而提高教师的观察能力。

（二）在问题探讨中梳理经验

1. 经验回顾与梳理

李少洁：《指南》中有这么一句话："观察、了解幼儿的学习与发展是为了评估他们的兴趣、特点和需要，以便更有效地拓展他们的经验，促进他们学习发展。"总的来说，这就是观察了解幼儿的目的和意义。下面我们详细地了解一下什么是观察？为什么说观察法是研究幼儿心理活动的基本方法？观察幼儿行为的具体意义有哪些？

我们先回顾一下什么是观察？观察与我们平时的观看有什么不同？（请一位老师回答）

实验园杨婷老师：我觉得，观察就是一种有目的性、有计划性、连续性地对孩子的行为进行观看的行为，是一名幼儿教师的基本技能，有一定的连续性和系统性。

李少洁：感谢杨婷老师的分享！（出示PPT）观察是通过有目的、有计划地考察学前儿童在日常生活、游戏、学习和劳动中的表现的活动，包括言语、表情和行为，可以分析儿童心理发展的规律和特征。

为什么说观察法是研究幼儿心理活动的基本方法？因为儿童的心理活动有突出的外显性，通过观察其外部行为，可以了解他们的心理活动。观察法是在自然状态下进行的，可以真实地得到学前儿童心理活动的资料。

再来看一下观察幼儿行为的具体意义：每一位幼儿在发展水平、能力、经验、学习方式等方面都存在差异，而老师要因人施教就必须善于发现幼儿感兴趣的事物、游戏和偶发事件中所隐含的教育价值，把握时机，积极引导。教师应成为幼儿学习活动的支持者、合作者、引导者。因此，观察对教师了解幼儿、尊重幼儿、促进幼儿的发展起着重要作用。

2. 现场讨论

李少洁：作为一线教师，在日常生活中，我们对儿童行为的关注点有哪些方面呢？

白桂云：针对这个问题，我们在书上或者网络上很难找到一些标准的、固定的答案。每个人在关注孩子的时候都有不同的关注点，有的关注习惯、有的关注性格培养、有的关注社会交往、有的关注能力的发展……但是我们通过今天的研讨可以找到一些大家共同关注的行为点，为老师的观察提供方向，其实这也是我们进行教研活动的一个重要目的。观察在我们幼儿园是时时刻刻都发生的，大家可以想一想，平时在观察孩子的时候注意哪一方面，个人倾向于关注孩子的哪些方面？其实就是说到观察孩子时，你的脑海里蹦出来的是哪些词语，说出关键词就可以。大家把这些关键词说出来，我们再进行梳理，就可以清楚地总结出我们平时生活中针对孩子行为观察的关注点有哪些了。

大家交流、思考、讨论2分钟……

在名师组老师发言前，白老师带名师组老师调整了座位，跟其他老师面对面而坐。

周文霞：平时可能我不像老师们针对孩子的观察活动多，但我会更多地关注老师的观察，在我们幼儿园，我们的观察与五大领域有关。例如，在健康领域，可能关注孩子的身体发展更多一些；在艺术领域，可能关注孩子的表现力和创造力更多一些。具体要关注哪一个领域应根据班级孩子的发展状况来确定，可以是全班孩子的情况，也可以是一组孩子的情况。当然，也可以针对同一帮孩子在不同时期进行观察。就我个人而言，有时候在户外观察孩子们活动时，会看到孩子们身体发展的情况，然后反馈给老师；在观察老师们上课时，会关注孩子们的思维能力、表现力等。关注点还可以是孩子们的生活习惯等各个方面。

白桂云：从周老师的发言中，我们可以看到她们关注的是孩子的发展，对孩子整体的观察多，在集体教学中进行的观察多，如孩子语言表达能力、思维能力，还有习惯，等等。关键词主要有健康、动作、兴趣、表现力、表达能力、思维能力、习惯等。为了大家有更多的机会参与到研讨里，后面的老师可以只说一个关键词，并简单举例。

张翠芝：我说的关键词是"情绪"，因为我觉得，通过对孩子情绪的观察，我们可以清楚地知道孩子在这一天中心理活动的轨迹。例如，早晨我们看到孩子心情愉悦的时候，就可以猜测，孩子起床后在家里可能遇到了什么开心的事情，或者是到幼儿园之后，遇到了自己的好朋友，等等。我们了解孩子的情绪，是了解孩子心理活动的一种重要方式。这是我们根据孩子情绪来制定教育策略的主要依据。当观察到孩子入园后闷闷不乐、蔫蔫的时候，我们可以通过交流等方式，对孩子进行一些情绪上的疏导。

白桂云：老师通过对幼儿一日生活中情绪的表现来判断孩子的心理活动，探究孩子在活动中的收获或是缺乏的东西，从而提供有效的支持。

张倩倩：在平时的活动中，我观察到很多孩子会频繁地换区域，定不下来。我们是不是应该先关注材料投放的丰富性，再去观察活动的过程？

白桂云：从倩倩老师的发言中，我们可以看到她注重观察孩子与材料的互动情况，所以她的关键词是"孩子与材料的互动"。

曹怀香：我的关键词是"专注力"。大家知道孩子的发展是有差异的，但是专注力的发展是可以后天培养的。3岁的孩子专注力可以达到9分钟，4岁的孩子专注力可以达到12分钟，5～6岁的孩子专注力可以达到15分钟，但是经过训练，可以达到15~30分钟。我经常带我们班的孩子进行这种专注力训练，也给家长提供一定的方法。专注力的提升，对他们以后全方位的发展都有很大的好处。

白桂云：大家看，每个人的关注点确实不一样，怀香老师的关键词是"专注力"，老师是特别注重培养孩子专注力的，所以她也会更多地观察孩子专注力的发展情况。孩子们之间有明显的个体差异，这些差异会在各个方面表现出来，我们进行观察就是为了了解他们的特点，关注到他们之间的差异，从而能针对他们的不同需要提供适宜的活动或帮助。

李顺玉：说到关注点，其实幼儿在园的每一个点都可以成为我们关注的内容。我想说一点，对我们教师的成长更为主要的一个词是"参与度"。在设计活动的时候，或者是在设计游戏和区域活动的时候，孩子们对活动的参与度直接影响着活动的效果。因此，教师可以根据幼儿参与度的情况来更好地调整活动。

白桂云：顺玉老师的关键词是"参与度"。现在大家一起回顾，倩倩、怀香、顺玉几位老师其实有一个共同的地方，就是关注的都是与孩子兴趣有关的学习品质。如果说一个孩子在活动中参与度不够，不能坚持活动，或者专注力差，我们就会考虑这些活动是否跟孩子的兴趣点有关。我们需要分析孩子缺乏兴趣的原因，可能是材料，也可能是学习品质有问题，等等。所以，通过观察我们可以深入地探究孩子的特点，解读孩子的心理。运用不同的策略支持孩子的游戏、区域活动、户外活动等一日生活的积极开展，从而促进孩子长久地发展。

其他参与老师的发言。

李萌：户外活动时注重幼儿安全意识的培养。

耿红霞：注重语言表现力的发展。

杨婷：幼儿行为习惯的培养。

店子老师：幼儿自理能力的培养。

白桂云：每一位老师的关注点都不一样，这也说明了我们老师之间的差异性，进一步说明人与人之间的差异性，所以我们要观察、关注孩子们之间的差异。下面我把刚刚所说的关键词跟大家梳理一下，如果有缺少，大家可以补充。关键词有领域、健康、动作、兴趣、表现、创造、交往、语言表达、思维、就餐、习惯、情绪、持久性、专注力、环境、安全、自我保护、规则、语言交流、心理、行为、自理能力、动手能力等。大家把这些关键词记下来，在脑海中迅速进行分类，根据自己的已有经验看看能把这些内容分成几类，还缺少哪方面的内容。

高薇：习惯和能力。

王婧：认同高薇老师的观点，再加上幼儿学习品质和抗挫折能力的培养。

白桂云：王婧老师在高薇老师的基础上添加了学习品质和抗挫折能力，

或者说是解决冲突的能力。

李顺玉：我觉得还有身体和心理。

王翠萍：我刚才归纳的是学习品质、兴趣和习惯，在听了大家的分析后，我觉得还有社会性方面的自尊、自信等。

李少洁：幼儿生活的整个环境对幼儿的影响特别大，所以我添加上环境。

白桂云：刚才的关键词现在变成习惯、能力、学习品质、兴趣、环境。那么，大家觉得还缺少什么？

盖鹏：幼儿家庭行为习惯的养成。

王丽霞：缺少科学探究。

白桂云：对，从大家的发言中，我们看到老师们更多的是关注孩子们的身体、心理、行为习惯等，但是很少去观察或关注孩子们科学探究能力的发展。除了这些内容之外，我们还缺少什么呢？除了关注孩子们的兴趣、行为习惯、语言动作等能力的发展外，我们更应该关注孩子们游戏、探究、学习、解决问题的过程和体验，而不仅仅是关注结果或外在表现。只有这样，才能真正了解孩子、关注到孩子的个体差异性，从而做到因材施教。

现在我总结一下老师们的关注点或是观察点：第一，关注孩子各领域的发展。第二，关注孩子的个性（包括学习）品质的发展。第三，关注孩子的兴趣爱好。第四，通过观察孩子，了解其家庭教育状况，并针对性地实施家庭教育指导，为良好的家园工作做铺垫。跟大家梳理的这几条内容，就是把大家的一个个点连成了一条条线，然后把这些线互相连接，最后形成面，一个个面就构成一个体系。我们的每一次观察都是一个一个的点，持续地观察就是把点连成线、组成面、构成体的过程，从而通过观察了解每一个孩子的发展。还有，在观察中一定要明白为什么观察。我们的观察来自我们的需要，然后通过我们的观察计划实施。如果老师还是不会找观察点的话，可以拿出《指南》，把其中的领域目标进行一个一个的分解，把它们分解成一个个关键词。

3. 教师观察、解读幼儿行为的途径、问题和困惑

李少洁：有了前面几个问题的梳理作为铺垫，我们的下一个问题就相对简单一些了。针对这两个问题，我也找到了一些理论内容和大家一起学习。

先来看第一个问题：教师观察、解读幼儿行为的途径有哪些？（出示PPT）

一是在日常生活中观察了解幼儿，我们可以从幼儿在日常生活中的细微表现看到他们的学习发展需要和真实的能力表现。

二是在游戏中观察幼儿，这一过程中最重要的是耐心和尊重。幼儿的能力和学习方式有个体差异，幼儿的学习和探究经常出现意想不到的情况，只要没有危险，请给幼儿足够的时间和宽容。尊重幼儿游戏的愿望、学习方式、能力和水平。在观察中、观察后，客观解读幼儿的行为表现。

第二个问题：主要的问题和困惑。在我们观察孩子的过程中总会出现一些这样或那样的问题，我梳理了几条，大家来看一下。

（1）观察的目的性不强，获得的有效信息少。

（2）重结果，轻过程。

（3）观察幼儿不深入，欠缺递进性要求的提出。

（4）观察记录缺乏客观性。

（5）对观察结果进行分析的有效性还有待提高。

（三）探讨教师如何支持幼儿的行为

李少洁：教师支持幼儿游戏活动时容易遇到哪些问题？解决的策略有哪些？

白桂云：对于老师来说，观察并不难，难的是什么呢？是观察过程中或观察完成后的记录和对孩子行为的解读、有效的支持。说到支持，大家会联想到另一个词语——介入，教师支持一定会伴随着教师的介入，这种介入有时是显性的，有时是隐性的。在支持介入的过程中遇到哪些问题？同样地，请大家说出关键词，我们一起来分析。

李顺玉：我觉得最大的问题就是解读不准确，误读，不知道如何支持。

曹怀香：在观察孩子后，我比较倾向于不用语言支持，而是尽量选用对周围的环境材料进行支持。难度是缺乏有效的材料和环境。

张翠芝：老师在观察时观察目的不明确，缺乏对孩子年龄特点的了解，孩子的个体差异让老师难把握，老师缺乏立刻判断进行支持的能力。

周文霞：观察多个区域时，很难准确支持。

白桂云：观察时，班里老师的分工一定要明确，我们要求在活动时要关注所有孩子，但不是对所有孩子都观察。一学期下来，所有孩子都覆盖，这

第二篇 名师教研

是基本要求，但不是每个游戏活动对每个孩子都覆盖。所以，每天要根据自己的观察计划去有目地观察。

李少洁：怕对孩子进行支持时干扰到孩子的思路或者影响孩子的判断。

白桂云小结老师们的观点内容：第一，缺乏理论支撑，不知道如何支持。第二，想支持，但缺乏一定的环境材料支撑。第三，缺乏有效的理解和判断能力。第四，盲目支持的现象比较多。第五，支持会变成干扰。第六，对孩子所从事的游戏缺乏深入的认知。第七，支持时机不知道如何把握。

这就是我们经常遇到的问题，少洁老师还给我们找到了一些理论性的内容，那就一起学习一下，跟我们梳理的内容对接起来。观察能力也需要老师们自己去进行训练，把自己的这种训练变成一种态度，如果每天都不认真地训练自己的这种能力，那我们可能每天都是新手。

李少洁：下面我们再梳理一下我找到的一些理论内容。

（1）游戏中的支持介入是否尊重幼儿的游戏意愿。如果教师的支持介入是通过观察在顺应幼儿游戏意愿的前提下进行的，支持并推进了幼儿游戏的发展，那这样的介入就是正效介入。如果教师的支持介入干扰和转移了幼儿的游戏，使幼儿行为变得被动而无惧，那么这样的介入就是负效介入。

（2）教师的支持介入是否帮助幼儿获得新的经验，提高其游戏水平。如果教师的知识介入能够使幼儿在积极的情绪体验下，充满兴趣地得到一个新的知识或信息，懂得一个新的道理，学会一种解决问题的方法，那么这样的介入就是正效介入。相反，你的要求太高，幼儿接受时感到困难，使游戏变成了一种教学和训练，那么就是负效介入。

（3）幼儿对教师的介入是否积极响应。如果幼儿对你的介入置之不理，那么就是无效介入，老师应该立即退出游戏，继续观察而不是强求幼儿。无效介入虽然无效，但对教师反思自己的行为却非常有用，教师可以从中分析幼儿的游戏意愿和行为水平，与自己的介入预期和指导要求之间有什么距离。

支持策略：

（1）营造轻松的心理氛围帮助幼儿以积极主动的学习状态参与活动。

（2）用理解的眼光看待幼儿的学习方式。幼儿的学习方式多种多样，而这些学习方式却常常与任性、顽皮、偏执等联系在一起，常常以一反常规、钻牛角尖、刨根问底的提问形式表现出来。3岁到6岁的幼儿自主学习的意识还很朦胧、很脆弱，需要老师给予鼓励和保护。

（3）善于倾听和沉默。教师还要乐于倾听幼儿的想法，聆听幼儿的发现与问题，全面了解幼儿的想法，了解幼儿遇到的困难，让幼儿按照自己的意愿或者想法进行尝试性操作探索活动。教师要给予幼儿探索时间，学会等待成功或者失败的出现。

（4）鼓励、强化幼儿的自主性学习行为，宽容幼儿的失误。如果教师轻率地批评幼儿，就会大大挫伤幼儿自主学习的积极性。教师应当对幼儿引导、启发，与幼儿共同分析失败的原因，共同寻找更好地解决问题的方法。

（5）明确自己的角色。教师在区域活动中，要明确自己只是幼儿活动的支持者，而不是指挥者。教师在幼儿进行自主学习活动时，要从幼儿的角度出发，感受幼儿开展活动的实际情境、实际动机。当幼儿需要教师的肯定与支持时，教师要适时地发挥推波助澜的作用。

中场休息。

下半场：视频观摩、研讨分享、名师引领

（一）音乐小游戏《小了白了兔》

（1）请大家倾听儿歌新唱《小了白了兔》，并练习跟唱。

（2）请每组选派一位老师说唱儿歌《小了白了兔》。

（3）请说唱出错的组另外选取一首儿歌，用新唱的方法说唱。

（二）大家带着问题观看视频记录片段1

李少洁老师简单介绍视频来源与拍摄背景：今天选择的这两个视频片段都是节选自同一部电影《小人国》。这是中国首部真实记录幼儿内心成长的电影，它展示了一个真实而鲜活的儿童理想王国，它发生在北京的巴学园，幼儿园是李月儿老师借鉴日本黑刘彻子的《窗边的小豆豆》中的巴学园办学模式，并且由北京师范大学张同道教授花了3年时间跟踪拍摄而成的。

《小人国》这部纪录片中主要有三个主人公，我们的《指南》第188页对观察要有目的性的说明中，都引用了小人国主人公辰辰和南德交往的案例。我们今天要观摩的这两个案例是节选自《小人国》这部纪录片中另外两个主人公的观察片段。

播放第一段视频，并提出问题，带着问题有目的地观看（具体问题见教研活动方案）。

观看视频后讨论发言。

白桂云进行研讨导入：从视频中，我们明显地看到孩子们在游戏中遇到了问题，下面大家就根据看到的内容，来分析一下视频案例中幼儿遇到的问题和教师的行为。

张倩倩：老师在视频中坚持了踢球游戏的规则，我基本同意视频中老师的做法。

张翠芝：老师虽然一直在坚持游戏的原则和规则，但老师并没有让孩子完全接受老师设定的规则。

周文霞：老师在游戏中关注的是规则，而孩子关注的是赢球，所以才产生冲突。如果老师在活动前跟孩子们认真地学习足球规则，在赛场上会不会有不一样的结果呢？也可以在活动之后让孩子们在总结评价时讨论这件事的合理性。

白桂云：在游戏过程中，孩子和老师的关注点不一样，视频里的老师反映的是活动中的真实状态。这位老师的处理方式我个人觉得有欠妥当的地方。

李顺玉：我觉得老师在活动中的支持方式有时候取决于支持者和被支持者。老师在现场的处理方式虽不太妥当，但也有合理的地方。经过老师的坚持，孩子急躁的情绪已经平静下来了。也许其他方法老师也用过，或许这种方法对孩子来说是有效的。

白桂云：视频中还有第二个孩子。当时他哭着说自己不想当守门员，这时候老师的处理是否合理，为什么？

李萌：我觉得老师当时的介入是合理的，因为孩子被别人强迫当守门员，他是不乐意的，并且哭了。这时候老师是一定要介入的。但是老师在搂着孩子的时候没有进一步进行言语的交流和慰问，还说"我没见过运动员在运动场上哭的"，没有很好地处理孩子的问题。

白桂云：老师在看到孩子的问题后，搂住孩子的安慰方式是比较好的，这代表着老师对孩子情感情绪的接纳，但是老师在后面的处理是有一点欠妥的。当我们观察到幼儿游戏遇到困难，需要介入时，要做到以下几点：第一，接纳孩子的情绪。第二，看到孩子的关注点是什么。第三，有效引导，帮助孩子推动游戏的有效进行。当然，如果我们是现场的老师，可能还不如人家处理得好，还可能会更武断一些，但是当我们作为旁观者，我们的思路会更清晰一些，旁观者清也许就是这样吧！

播放第二段视频，带着问题观看。

谈一谈，视频中的老师是如何观察和解读幼儿行为并支持幼儿活动的？

曹怀香：视频的开始，老师只是沉默地观察孩子，没有表现出任何情绪，也没有干预孩子的行为。孩子也在不断地试探老师。孩子可能对声音很感兴趣，帘子的声音、珠子落地的声音和滚动的声音等。老师没违背孩子的意愿，并且也加入孩子的活动中，成为孩子的支持者，这与孩子的年龄特点是相符的。老师读懂了孩子的行为，并且在后面的支持中，顺应了孩子的行为特点，也达到了预想的效果。

张翠芝：老师理解和接纳了孩子的行为，并给予了孩子充分探索的空间。孩子一开始是对声音感兴趣的，再把珠子撒到地上以后，孩子可能觉得自己的行为会受到老师的批评，一直在看老师的反应。这时候老师不但没有制止，还用碗给他盛了一部分珠子，给予孩子充分的探究空间，老师像伙伴一样，给予孩子充分的情感接纳。

李顺玉：老师尊重、接纳和支持孩子的行为，但在看视频时我有几个问题：一是孩子对所处的环境不熟悉，是不是刚入园的孩子？二是这个孩子几岁？应该不是小班幼儿。老师的知识行为可能在当时是比较合理的，但是如果结合我们本地幼儿园的实际情况来说，并不是很合理，因为老师如果没有制止孩子的行为，那么其他孩子看到以后会怎么样？可能这种支持的方式就不适用了。

张翠芝：每年小班入园时都会经历这么一个阶段，分离焦虑和无规则行为经常让他们把玩具撒得到处都是，但是经过老师的耐心引导和教育后都会好起来的。

李顺玉：在真正具体的操作过程中，我们不能放任孩子完全地把珠子倒掉，我们是不是在中间就可以介入？

白桂云：顺玉老师是考虑到我们的现实情况。针对这个案例的话，首先

看到这个孩子应该是托班，2岁多点，他的行为是符合他的年龄特点的。看完视频的时候我就写下了这些词：参与者、旁观者，为孩子提供材料榜样。从孩子的表现中，我们可以看到孩子有初步的是非判断能力，他一直在试探老师的反应。

但是我们也要知道2岁左右的孩子就是通过身体的感知去认识世界的，从视频中孩子的行为和老师的做法，我们推断这个孩子肯定不太熟悉这个环境，所以老师的出发点是让孩子认识和喜欢这个环境，给予孩子充分的接纳，并让他肆意探索，如果老师开始就制止孩子的行为的话，我们可能就看不到后面的精彩了。孩子从开始的随意、试探，到后来跟珠子玩游戏，再到对珠子的探索；而老师也是从开始的旁观者，到参与者，再到支持者和榜样示范者。

李少洁：电影《小人国》中的案例片段很多，之所以选择这两个案例刚开始的初衷并不像今天白老师带大家分析得这么详细和精彩，而是因为案例中两个孩子的年龄和性格特点以及老师在处理孩子们冲突时的处理方式反差特别大。这也正反映出我们不同的老师在对待相同问题或者相同的老师在对待不同问题时所出现的反应一样。在第一个案例中，迟亦洋经常表现得非常霸道，但是老师对他的整体评价却是很男孩、很男人。在第一个视频里，如果老师当时的处理方式是告诉他：你手球了！罚他下场，或者是罚他黄牌而游戏继续的话，这个游戏可能就中断不了，因为大家能看到，在这个踢球游戏中迟亦洋起到了一定的主导作用，如果没有迟亦洋的话，这个活动就不好组织。而等活动结束后我们还有很多方式告诉他足球的游戏规则，从而让孩子真正认识到自己手球的行为是不对的，而老师的批评是正确的。如果把第二个视频里的方法也用到第一个视频里的话，也许老师跟孩子的处理方式以及最后的结果都会朝着更好的方向发展。

白桂云做最后的活动总结：

今天我们大家讨论了很多问题，最后简单为大家总结一下，这是我根据大家的讨论想到的，不一定正确，大家可以有选择地接受。

我们解读幼儿行为的途径可以分为几条：①找到相关的理论支撑。例如，当观察到孩子的一种行为不知道怎么判断、解读时，我就可以先找一找孩子的这种行为有没有一定的理论支撑，可以现学现用。这时候我们就可能会明白很多问题出现的原因。②可以借助《指南》或者其他学前教育的发展评价标准对应着一条一条来看，当我们找到问题所在的理论支撑时，我们就会豁然开朗。③对孩子进行连续的观察。一次的观察肯定不能全面解读孩子，一定要进行连续、系统的观察。④当我们不理解、不知道孩子行为的原因的时候，我们可以跟孩子交谈。

我们如何有效支持孩子的行为呢？①材料和环境上的支持。②心理上情感和态度的支持。③智力上的支持。也就是孩子在知识、能力、智力等方面遇到问题求助老师时，老师都能为孩子提供帮助。

那么，解读和支持是什么关系呢？解读是前提，支持是后续的操作，但是后续的支持操作又能进一步引发我们对观察的解读，这是一个循环的过程。在这个过程中能很好地提升老师的专业能力。观察的目的就是发展，而它的意义也有两个方面：一方面是对孩子的，能有效促进孩子的发展。另一方面是对老师的，在观察的过程中能够很好地提升老师的专业技能。在不断观察和不断积累的过程中，老师会形成一种高度的专业自动化。这种高度的专业自动化的表现就是：当我们遇到问题的时候，基本不需要再去翻资料和理论，就能做出准确的判断，给予孩子合适的支持和帮助。这也是观察带给我们每一名专业幼儿教师的成长。

记录整理人：李少洁、白桂云

第二篇　名师教研

教研活动案例二：如何利用观察材料
组织游戏分享环节

一、教研活动方案

教研活动方案见表2-3。

表2-3　教研活动方案

研究问题	以自主建构游戏为例，探讨如何利用观察材料来组织游戏分享环节	地点	博兴县实验幼儿园
主持人	王芳、白桂云	时间	2021年3月24日上午
问题由来	游戏分享环节作为幼儿游戏活动后的一个重要环节，是教师了解幼儿游戏过程，帮助幼儿梳理游戏经验，提升幼儿游戏水平的一个重要途径。它对幼儿的倾听表达、建立同理心、经验提升等多种学习能力有着不可估量的作用。有效的分享交流活动需要教师有一双慧眼，学会敏锐观察。教师必须对游戏的过程进行有目的、全面的观察，对幼儿游戏意识和游戏行为做到心中有数，才有可能捕捉到最有价值，也最适宜推动游戏深入发展的分享点。 但现阶段在游戏开展的过程中有诸多问题：教师往往忽略了游戏分享交流环节的教育价值，组织游戏分享环节流于形式，一带而过；内容比较宽泛，没有针对性和指向性，缺乏预设与目的；不能抓住游戏中幼儿的偶发事件，不能对遇到的主要问题进行拓展和提炼；等等。因此，我们借此次教研活动帮助教师准确判断哪些内容有分享交流价值，在有限的时间里巧妙引导，使分享交流环节发挥最大的教育价值		
活动前思考及准备	活动前思考： 1.游戏分享环节存在哪些问题？ 2.什么是游戏分享？游戏分享的意义是什么？游戏分享的内容是什么？		

活动前思考及准备	3.建构游戏中教师从哪些方面进行观察？建构游戏分享环节的组织策略是什么？ 活动前准备： 1.相应的幼儿园准备一个建构游戏分享案例（按教研群内的要求做）。 2.多媒体、4开白纸、记号笔等（用于讨论结果现场分享）
教研目的	1.结合观摩和研讨，共同梳理自主建构游戏分享环节的内容、方法及组织策略。 2.提高教师对游戏观察材料的运用能力，发挥游戏分享环节的有效性
活动形式	现场观摩、问题研讨、分享交流、梳理总结
预设过程	一、热身游戏，快乐体验 二、问题聚焦，明确方向 1.根据教研组成员提出的在组织游戏分享环节中存在的困惑和问题，梳理出共性问题。 2.建构游戏中教师的观察点有哪些？ 三、现场观摩，捕捉分享点 教研组成员分成五组，进行大班自主建构游戏观摩，每个组从不同的角度进行观察。（留存视频或图片供游戏分享环节使用） 四、思维碰撞，梳理策略 1.思维碰撞，小组整理 你观察到哪些幼儿游戏行为？透过这些行为你读到了什么？你想如何利用观察到的材料来确立分享点？目的是什么？如何组织？采用了哪些方法和策略？（各小组将以上内容梳理到相应的表格内） 2.分享交流，达成共识 五、实践检验，现场认证 根据各组的研讨结果，现场组织幼儿进行分享交流，验证组织方法和策略的有效性。 研讨：分享的效果如何？还存在问题，为什么？ 六、名师引领，总结提升 由组长白桂云对本次教研活动做总结和提升
人员分工	1.照相：吴玉清。 2.教研材料整理：李少洁。 3.美篇、简报素材负责人：王芳、李少洁
预期成果	文本类：方案、过程性文本、总结反思、美篇制作等。 声像类：照片资料

第二篇 名师教研

二、教研活动前的相关内容收集整理

内容收集整理明细表见表2-4。

表2-4　内容收集整理明细表

一、游戏分享的定义	游戏分享是游戏活动结束后，教师与幼儿一起交流、沟通、分享游戏经验的活动，是完整游戏活动的重要组成部分，对帮助幼儿梳理、提升经验及提升游戏水平都具有重要意义
二、游戏分享的意义	根据高宽课程的相关理论，回顾时间的存在具有重要价值。首先，促进幼儿思维、语言以及读写能力的发展；其次，帮助幼儿回忆、反思和应用已有学习的经验；再次，"儿童是叙述者，他们也是明星"，当幼儿能够接受同伴对自己回忆的补充，并能充实同伴的讲述时，回顾成为一种分享；最后，回顾作为计划—工作—回顾过程的一部分，能够促进相互依赖的师幼关系的形成。在项目活动中，幼儿回顾和分享经验的活动不仅在项目的开始与探索阶段占有重要的地位，而且对项目的结束也具有很大的价值。这种分享能够帮助幼儿在与同伴、教师和家长交流沟通的过程中内化为新经验，增强幼儿的自信心，培养幼儿反思的良好习惯。高杉自子提出："在游戏中获得的感动与发现不应该只停留在个体内部，而应该有共同的分享者。正是由于有共同分享者的存在，即有接纳自己在游戏中获得的感动与发现的同伴或朋友，孩子才能够不断地开展新的游戏，进行新的挑战。" 国内研究者认为游戏分享活动的价值主要体现在以下几个方面。 首先，游戏分享活动对游戏本身的价值。一些研究者指出，游戏后的分享与讨论有利于教师发现游戏中的问题，有利于后游戏活动的开展。例如，研究学者平婷讲到游戏分享时说，它对整个游戏过程来说具有画龙点睛的作用，能够激发幼儿下次参与游戏的兴趣，解决游戏中出现的问题。缪维缨还指出，有效的角色游戏讲评能够"让游戏主题和情节的发展与幼儿综合能力的发展形成一个相互作用、相互推动的上升过程"。 其次，游戏分享活动对于幼儿发展的价值。邱学青指出自主游戏讲评具有以下价值：第一，帮助幼儿整理、分享经验，丰富游戏内容；第二，调动幼儿参与游戏的积极性、主动性，培养他们的自信心；第三，促进幼儿语言、思维、品德等综合能力的发展。同时，邱学青指出："在游戏的氛围下，幼儿想说、愿意说、敢说、喜欢说，在与同伴和教师交流的过程中，潜移默化地实现了通过语言获取信息、理解他人、组织自己想法的能力，养成了学会倾听、学会表达的良好习惯。" 再次，游戏分享活动对良好关系建构的价值。桂清红、王春燕提到分享交流活动能够帮助教师了解幼儿，为下次活动的展开和更好地指导幼儿提供依据；戚艳华认为在游戏分享这种平等的交流活动中，"师生共同参与、汇集活动信息，交流活动经验，同时还能一起解决困惑，共同分享彼此的快乐"。

二、游戏分 享的意义	最后，游戏分享活动能够促进将游戏和教学活动融合。邱学青指出，在游戏后师幼围绕一个或几个幼儿共同的问题进行讨论和对话，"不仅使全体幼儿在同一情景中学习了彼此的经验，而且节省了教师重复劳动的时间和精力，达到了游戏与教学活动相融合的效果"。姜娟芳指出，游戏分享活动更是游戏精神的体现，这种精神是游戏中凌驾于形式与内容之上的灵魂和生命力，是人真正掌控自身活动的自由的生命状态，它也应成为贯穿全部幼儿教育实践和所有活动环节的主线
三、游戏分 享的内容	以下是多位专家有关游戏分享内容的阐述。 邱学青认为：一是将新出现的创意及成功的体验提供给幼儿分享，鼓励幼儿的创造性思维，注重幼儿发现问题的能力的培养；二是将存在的问题，特别是矛盾的焦点，提供给幼儿讨论，鼓励幼儿以自己的方式解决问题，注重幼儿解决问题能力的培养。 黄静认为："分享的不仅仅是知识和经验，还有情感。与幼儿共同感受创造的快乐、交流的愉悦、表达的舒畅，是分享的核心。" 倪焱翾指出，能够激发幼儿分享交流的关键信息主要包括自然知识、人文情感、人际交往和热点话题。 邱惠评认为，教师所选择的游戏交流分享内容应具有以下特点：符合幼儿"最近发展区"的内容，大多数幼儿广泛认同和感受的内容，能通过共享经验解决的内容

三、在教研过程中各小组的研讨记录表

在这里，我们还列举了名师工作室教研活动的记录，见表2-5、表2-6、表2-7和表2-8。

表2-5　白桂云名师工作室教研活动记录表（二组）

问题	内容
你观察到哪些幼儿游戏行为	1.幼儿的模仿行为。 2.多次尝试。 3.全程无交流
透过这些行为你读到了什么	1.孩子的学习品质：坚持完成任务。 2.模仿学习过程中看到：很强的观察能力，解决问题的办法，逐渐产生自己的想法。 3.坚持自己的想法，独立完成任务
你想如何利用观察记录的素材来确立分享问题	1.了解孩子为什么会出现模仿行为？ 2.引导孩子在游戏中协商交流，参与设计

第二篇　名师教研

问题	内容
分享的目的是什么	引导孩子在建构过程中有更多自主的想法，并在游戏中大胆表现
如何组织分享环节	1.请幼儿介绍作品。 2.教师提问。 3.和孩子一起探讨、交流、提升
可以采用哪些方法和策略	谈话、出示图片，再现游戏情景

表2-6　白桂云名师工作室教研活动记录表（三组）

问题	内容
你观察到哪些幼儿游戏行为	1.幼儿之间分工明确，配合默契。幼儿语言表达清楚完整，指向性强。 2.在游戏过程中，遇到问题可以协商解决。例如，发现小椅子缺了一把的时候，赶快合作再搭一把；发现小椅子位置不合适，一起调整位置；等等。 3.幼儿在餐桌上拼搭食物的时候，能根据自己的需要用三角形积木多次尝试，并拼成一个多边形
透过这些行为你读到了什么	1.幼儿的分工合作意识和能力较强。 2.遇到问题能有效地沟通，并共同解决问题。 3.大班幼儿对建构材料数量的使用，通过目测把握比较准确——估算力。 4.对方位的感知能力。 5.造型设计能力——运用建构材料组合。 6.完成各种造型
你想如何利用观察记录的素材来确立分享问题	操作材料不符合自己的建构需要时，如何利用其他形状的材料进行组合、替代，完成建构活动
分享的目的是什么	提高幼儿灵活解决问题的能力
如何组织分享环节	1.引导幼儿讲述自己的建构作品。 2.教师通过观察，结合幼儿的讲述，提出分享问题。 3.参与建构活动的幼儿讲述自己在游戏过程中的解决办法。 4.鼓励其他幼儿分享自己的游戏经验和方法
可以采用哪些方法和策略	1.提供游戏中的照片或视频，再现游戏情景。 2.鼓励其他幼儿运用自己的建构经验进行分享。 3.幼儿商讨下次的建构活动

因爱而幸福：在教学实践中成长

表2-7 白桂云名师工作室教研活动记录表（四组）

问题	内容
你观察到哪些幼儿游戏行为	1.孩子们在搭建过程中，有的搬，有的运，有的负责搭建。 2.孩子在搬运积木的时候，有的孩子一次拿多块，有的孩子一次只拿一块。 3.各个区域用三角形积木块进行了通道连接，让每个区域都能够互通游戏。 4.餐厅门口的电线杆多次尝试保持住了平衡。 5.作品呈现生动形象，如桌椅的造型逼真
透过这些行为你读到了什么	1.合作、分工，也体现了孩子的能力各不相同。 2.幼儿取放材料的方式方法不同，存在差异。 3.区域间的有效链接。 4.游戏中科学认知的应用与迁移。 5.孩子的前期生活经验和孩子后期游戏的能力体现
你想如何利用观察记录的素材来确立分享问题	在前期的搭建经验上对建筑构造进一步创新和改造
分享的目的是什么	丰富建构经验，提升建构水平
如何组织分享环节	1.欣赏作品，畅谈作品。 你们搭的什么？用什么方法搭的？ 搭建过程中遇到了什么问题？是怎样解决的？ 2.拓展思路，设计作品。 除了今天我们搭建的造型，你们还见过什么样子的？（幼儿表述） 在建筑周围还可以增加什么设施？借用什么样的辅助材料？ 3.延伸探索，再次尝试。 小朋友们的想法都很好，回去以后我们都收集更多的材料，下次搭建活动时一起来分享交流，设计搭建图纸，搭建出不一样的作品
可以采用哪些方法和策略	1.小组内分享交流。 2.通过照片形式再现游戏情景。 3.谈话交流

表2-8　白桂云名师工作室教研活动记录表（五组）

问题	内容
你观察到哪些幼儿游戏行为	搭建技能（架空、互锁、围合、平铺、对称） 社会交往（分工、合作、交流讨论、协商、规则意识） 认知（语言表达、解决问题） 情感方面（成功体验、搭建兴趣）
透过这些行为你读到了什么	幼儿任务意识强，能按计划持续进行搭建。 大班的孩子能熟练掌握各种搭建技能、合理使用各种材料。 遇到问题有效解决
你想如何利用观察记录的素材来确立分享问题	1.材料的合理利用。 2.孩子解决问题的能力。 3.小鸡房子的难度提升
分享的目的是什么	提高孩子的搭建水平。 体验成功的喜悦。 构建孩子新的经验。 结合绘本主题发展，激发孩子迎接新挑战
如何组织分享环节	1.出示搭建成功的图片，幼儿欣赏和介绍作品。（你遇到了什么困难？你是怎么解决的？） 2.共同交流讨论解决问题。 3.引导孩子再次尝试讨论的解决方法是否合适，寻找更适合的搭建方式。 4.根据主题发展，让建构游戏促进幼儿的整体发展
可以采用哪些方法和策略	自由分享、成果展示法（谈话法、讨论法、情景再现）

教研活动案例三：案例研讨——户外游戏中的观察与评价

一、教研活动方案

教研活动方案见表2-9。

表2-9　教研活动方案

教研主题	走进游戏走近孩子 ——户外游戏中的观察与评价	活动地点	博兴二中弘毅会堂
主持人	白桂云	活动时间	2020年11月10日
问题由来	幼儿是天生的游戏者，幼儿在游戏中身体、情绪、认知等方面都得到了发展，户外广阔的空间、多变的环境、丰富的材料更能激发幼儿对游戏的渴望和兴趣，他们在游戏中用自己的方式和环境、材料、小伙伴发生着联系，努力解决遇到的各种问题，他们在游戏中建构着自己关于周围世界的认识，他们在游戏中尽情地展示着自己的个性、情感、经验和智慧，他们有自己的思维方式和独特的想法。作为教师，唯有读懂幼儿的行为、读懂幼儿的思维、读懂幼儿的想法，才能为幼儿提供适宜的帮助和指导，推动幼儿在游戏中获得全面的发展。 但在现实中，我们能看到幼儿的行为，却不一定能看懂幼儿行为的意义，这就要求我们不但要去观察，而且要会观察，并且能够运用观察到的材料去分析评价了解的行为，读懂幼儿行为背后的真正意义，了解幼儿的学习风格，了解他们的学习方式。所以，我们需要明确为什么要观察儿童的游戏？通过观察我们能够获得什么？我们如何进行评价？评价什么？这些都是我们非常需要明确和解决的问题		
活动前思考及准备	一、思考以下问题 1.户外游戏的特点是什么？幼儿为什么更喜欢户外游戏？ 2.我们为什么要观察幼儿的游戏？ 3.观察与评价是什么关系？评价的途径和目的是什么？评价的内容有哪些？		

活动前思考及准备	二、准备工作 提前熟悉视频案例，试着走进幼儿的游戏，站在幼儿的角度去理解幼儿行为，准备现场从幼儿的角度提出问题与大家进行分享和评价，为角色代入式教研做好准备
教研目的	1.通过教研活动，学会站在幼儿的立场上去对幼儿进行观察与评价。 2.通过教研活动，逐渐踏上观察幼儿、研究幼儿的征程。 3.通过教研活动，寻找到适合自己的观察风格和评价方法
活动形式	案例研讨，角色代入，交流分享
主要过程	一、智慧众筹，统一认识 1.主持人介绍教研活动的主题和目标。 2.播放短视频，提出问题： 从幼儿的游戏中，你观察到了什么？通过观察，你知道了什么？如何运用观察到的资料？大家自由回答。 3.主持人进行总结：通过观察，我们可以看到幼儿各领域的发展能力；幼儿的个性品质；他们解决问题的态度和方法；他们的家庭背景与生活经验；他们现阶段感兴趣的事情；等等。这也是我们观察幼儿游戏的目的，通过观察幼儿，更好地了解幼儿，读懂幼儿，从而为幼儿提供适宜的支持，推动幼儿游戏的发展。 二、运用观察，实施评价 1.主持人提出观察与评价的关系，带领大家现场对观察到的材料进行分享和评价。 2.案例分享，观察游戏中幼儿的行为表现并进行简单的记录。 3.角色代入，现场体验如何进行游戏后的分享和评价。 注：因为时间关系，参与教研的人员需要提前熟悉游戏案例。现场案例播放给台下人员观看的同时，各组开始商议具体的分工。 人员分工：将现场教研人员分为A、B、C三个组。 A组和B组分别选择一个案例，然后将自己代入案例，变身为案例中的幼儿和老师，根据对幼儿行为的观察，现场体验如何进行游戏后的分享和评价。 A组负责人：李顺玉、张倩倩；B组负责人：王婷、李少洁。 C组为场外观察员：李爱珍、周文霞、曹怀香。 三、交流探讨，达成共识 1.A组和B组的老师一起交流分享活动心得，说出自己对观察与评价的认识，评价幼儿在游戏中的表现和发展。 2.场外观察员对两组的表现做出评价。 3.主持人梳理与总结：观察与评价的关系以及评价的内容、途径和目的。 四、播放视频，结束活动
资源呈现	课件、游戏资源、文本、图片等

人员分工	活动主持：白桂云。 视频资源分享：纯化中心幼儿园陈户镇第一中心幼儿园。 教研活动记录：许元元、曹晓芳
预期成果	文本资料：方案、活动简报报道。 声像类：活动照片、视频

作为教研活动的主持人，教研活动之前必须做好充分的准备，如对教研活动节奏的把握、预设问题的提出、关键性的总结、教研案例的反复研读等。下面是笔者为大家展示的一次教研活动的主持稿。

二、教研活动主持人手稿

尊敬的各位领导，各位亲爱的老师！大家好！

主持人：很高兴有机会和名师组、生活组的老师们一起进行这次教研活动的现场分享，虽然我们这个团队是第一次合作，但相信我们一定能碰撞出智慧的小火花，希望大家在研讨活动中畅所欲言，在观察、体验、研讨中走进游戏，走近孩子。

我们今天的教研主题是——户外游戏中的观察与评价。

主持人：游戏是孩子们的基本活动，他们在游戏中用自己的方式与环境、材料、小伙伴等发生着联系，他们有自己的思维方式和独特的想法，他们在游戏中建构着自己关于周围世界的认识。

从理论上讲，作为教师我们只需给孩子提供时间、空间，认真观察、分析孩子的行为，读懂孩子的思维，读懂孩子的想法，就能为孩子提供适宜的帮助和指导，推动孩子在游戏中全面发展。

但在真正实施观察时，我们能看到，却不一定能看懂；能观察到，却不一定能够运用观察到的材料对孩子的学习和发展做出评价。首先进入我们今天的第一教研主题：观察。

什么是观察？如何进行观察？观察的内容和方法是什么？我们之前各组都进行了探讨，今天就不再研讨，先给大家看一个小视频，我们一起来观察记录，考验一下大家的观察能力。

大家一起看3分钟的短视频。

主持人：现在请每个人在你的本子上记录下一条你看到的孩子行为。

大家现场进行记录。

主持人：现在我再来对这个视频进行一下补充，请大家把你想到的记录下来。

大家想到的其实就是通过观察得到的信息，现在请两组的老师迅速地把你们的信息整理一下，看看可以分为几类。

各教研组现场进行整理，并把这些类别的关键词写在黑板上。

主持人：大家观察到的这些信息，就是我们通过观察看到的孩子的行为，我们通过观察可以知道孩子们在各领域的发展能力，可以了解到他们的个性品质，可以看到他们应对困难情境的态度和解决问题的方法，可以看到他们深层次的兴趣和爱好，可以看到他们的家庭背景和生活经验。

我个人的体会是，通过观察我们能获得信任，能获得孩子的爱，只有我们更了解孩子，才能够更好地照顾和促进孩子的发展，因为观察，我们会走进孩子的游戏、走进孩子的世界、走进孩子的内心。

通过观察我们可以获得大量的信息，那我们该如何运用这些信息呢？

教研组成员研讨。

主持人：为了评价儿童，为了课程设计。今天我们不研讨课程设计，研讨"评价"，也就是我们今天的第二个教研话题。

那么在我们的工作中，谁是评价的主体？

很多时候，受儿童观和教育观的影响，我们总认为只有成人才有评价孩子的权利，我们习惯于用成人的思维去评价孩子的学习和发展，其实真正的评价主体应该是孩子。

游戏对于孩子的魅力，就在于孩子的自主性可以在游戏中得到充分的体现和发挥，同样，游戏评价也应从孩子的体验出发，让孩子成为评价的主体。

今天我们都来当小朋友，体验一下如何和老师坐在一起对自己的游戏做出评价。

老师们自由分组，进行现场代入式教研活动，亲身感受孩子在游戏中的做法、想法。

　　主持人：抛出分组体验后的讨论问题。

　　（1）现在我们再回归到自己的身份，谈谈你刚才的体会。

　　（2）通过刚才的体验，大家对观察和评价应该有了不一样的认识，现在请谈谈你对观察和评价的认识。

　　（3）大家对孩子们的游戏行为应该有了更深刻的认识，现在请你谈谈，如果让你来评价孩子的游戏，你会从哪几个方面入手。

　　今天我们现场还聘请了3位观察员，现在咱们请他们对大家刚才的表现做一下点评，也请他们来谈谈对评价的认识。

　　主持人：刚才大家都讲了很多自己对评价的认识，也明确了评价应该从哪些方面来做。下面我把我对视频中的小朋友的评价给大家展示一下，希望能给大家一些启发。

　　PPT展示：对视频中的小朋友的发展评价。

　　动作发展能力：能熟练地使用锤子进行敲的动作，能够用捏的方法捏住小钉子，手眼协调，能够控制敲打的力量和速度。

　　情绪情感：能在他所信任的成人的帮助下快速地化解自己的不良情绪。

　　自尊、自主：从选择材料和确定自己游戏的内容来看，能够初步规划自己想做的事情，并坚持完成。得到成人具体的肯定时，表现出喜悦和积极的态度。

　　安全意识：有一定的安全意识和自我保护能力，受到轻微伤害时能自己保护自己。

　　倾听与表达：能听懂别人对他的评价，遇到困难时，能主动寻找其信任的人表达自己的要求。

　　行为规范：不喜欢被打扰。

　　科学探究：通过他组装挖掘机的游戏，可以看出他能够对感兴趣的事物仔细观察，发现事物的明显特征，并能够根据事物之间的相似性寻找到替代物，进行以物带物的游戏。

　　主持人总结：《纲要》中明确指出：评价的目的是了解幼儿的发展需

要，以便提供更加适宜的帮助和指导。

观察不仅让我们走进游戏、走近孩子，体会到从事教育事业的意义，还能有效地提升我们自身的专业技能，获得成长。

我们今天的教研活动到此结束，希望大家都有所收获。

3

第三篇

教育拾趣

生命不是过了多少日子，而是记住了多少"热情"。我是一名教师，一名幼儿教师，幼儿教师的心可以很小很小，一句"老师好"就可以把我的心装得满满的；幼儿老师的心也可以很大很大，因为我们心中要装着孩子的未来，祖国的未来。

坚持最美

2008年伊始，山东省滨州市博兴县开启了"博兴县名师评选"活动，我经过学校推荐、教师和家长评选、现场讲课、答辩等环节，被评选为博兴县名师，在县名师培养期间，县里组织了一系列赛课、培训、名师论坛等活动，这篇文章就是因一次名师论坛的要求而诞生的，论坛的主题是：交流自己在教育教学中的优势和做法。

——题记

看到名师论坛的题目要求，我思绪翩翩，却不知该如何落笔，因为平时只知道踏实做事，诚恳做人，既没有骄人的成绩，也没有动人的事迹，有的只是孩子们喜欢我，老师们鼓励我，家长们信任我。任思绪从远处慢慢拉近，还是不愿触及主题，总觉得有些"王婆卖瓜"之嫌。既然一定要说，我就说说自己这些年的一些做法和感悟。

一、对待孩子——关爱+索取

和孩子们在一起是最快乐的，给他们一个微笑，冲他们做一个鬼脸，摸摸他们的头，拉拉他们的小手，亲亲他们的脸蛋……他们就会疯狂地爱上我，他们的爱会感染我，我也会不自觉地爱上他们。和孩子们在一起，我觉得自己就是个孩子。多少次，与孩子们在游戏时笑得前仰后合；多少次，和孩子们跳起舞来活灵活现，一会儿变成小兔子，一会儿变成小鸭子，在嬉戏与打闹中，仿佛自己又回到了纯真的童年；和孩子们在一起，我变得专注、投入，孩子们带领我走进他们天真无邪的世界。

让孩子们喜欢上我很容易，那就是像孩子一样和他们相处，认真倾听他们讲话，和他们一起参与游戏，让他们感受到平等、真切的爱。

可是仅有快乐和孩子们喜欢就可以了吗？

我经常思考，什么样的幼儿教育才是我们的追求？什么样的教育才能真正促进孩子的发展？尊重呵护孩子的兴趣，尊重个体差异，以孩子为本，以孩子的发展为本，促进每一个孩子在原有基础上得到发展。这些理念我们都熟记于心，可是怎样才能转化到每一个活动和游戏中？怎样才能转化到一日生活的各个环节中？我不想要虚假的主体性和没有任何发展的快乐与改变，我想要我们的孩子每次都能得到实实在在的发展。让孩子在户外活动中学会勇敢、学会解决困难、学会挑战自己；在生活活动中学会自我服务、学会帮助他人。在课堂上，我尽量做到提出的每一个问题都能够引发孩子的思考和讨论。

真正的教育不应该仅仅是给予，更应该是索取。作为教师，我们不是把东西塞进孩子的头脑，而是从孩子身上寻找他们的需求；不是教育孩子应该想什么，而是教会他们应该怎样去想。在教育的过程中我慢慢地体会到：孩子愿意获取知识比学到知识更重要，怎样获取知识比获得怎样的知识更重要，会学比学会更重要。所以对待孩子我们要学会索取，只有学会索取，孩子才能学会给予。慢慢地，一种信念在我心里深深地扎下了根，那就是：教师只有达到眼里有孩子，善于观察孩子、研究孩子，才能发现他们的需要，进而从孩子的行为表现中汲取教育的源泉，提供适合每一个孩子发展的教育，促进孩子真正意义上的成长，使教育回归平实、本真、鲜活。

二、对待家长——用心＋忍耐

幼儿园与中小学老师不同的是，每天都要面对形形色色的家长，尊师重教是我国的优良传统，虽然说大多数家长都对老师比较尊重，个人素质比较高，但也有个别不讲理、素质相对较差的家长，如何应对这一部分家长就要看老师的能力了。这么多年的工作经历让我总结出一个字——忍，遇到问题一定不要急于为自己找理由，一定要学会换位思考，就是用"家长要求再苛刻也是情有可原，我们的工作再细致也是理所当然"的心来时时提醒自己。

只要我们用心对待家长和孩子，家长一定会慢慢地体会到，也一定会慢慢地理解我们，和我们一样学会换位思考。

三、对待同事、领导——配合+帮助

工作和学习有所不同，念书时只对自己负责，一人完成即可。成为上班族以后，我们的工作就是整体的一部分，必须面对同事和领导，我们有义务和责任通过协调与沟通，相互配合帮助，共同把工作做好。

怎样才能做到呢？愚钝的我真的找不到合适的话语来表达，就用"好的"这两个字来倾诉一下吧！

"桂云，有一个园本交流活动，你把材料整理一下，到时候你去交流！"

"好的"，挑灯夜战，从组织材料到如何呈现，认真思考。

"桂云，邮箱里面有课题申报的通知，看一下，申报一个课题吧！"

"好的"，几天几夜绞尽脑汁，课题申报成功，并幸运成为省级课题。

"白老师，你来一下好吗？"

"好的"，一声清脆的回应，放下手头的工作，尽自己所能给予他人方便，也许这份能力有限，但这心是真诚的。

"白老师，这儿该怎么讲啊，你给我想想？"

"好的"，在年轻教师面前，我毫无保留地把自己不成熟的经验悉心地传授给他们，上课时一句一句地揣摩，尽心把内容讲透了才罢休。

"好的"应该是我和大家相处的时候说得最多的一句话，因为内心里我是多么希望被人需要，那一声声嘱托是对我的信任，我能推却吗？不能。

四、对待工作——认真+坚持

我是一个认真的人，上学时我虽然各方面不是最优秀的，但我是班里文化课最好、做事最认真的一个。那时候班主任老师总是说我："你这孩子别的都好，就是太认真、太追求完美，爱较真！"我想改，可我改不了，我不知道自己为什么会这样认真，我想可能是因为我胆小，怕做不好事情挨训吧！所以无论做什么，我都认真去做，努力做到自己认为是最好的。19岁参加工作成为一名幼儿园老师，继续传承了上学时养成的良好习惯，认真对待每一件事情。

认真备好、上好每一节活动课，认真准备好每一次活动，认真做好每一次家访，认真分析每一个孩子的特点，认真看护好每一个孩子，认真对待每一位家长……认真地过好每一天。有朋友和同事经常问我："什么事你都这么认真，累不累！""不累啊！已经习惯了！"我觉得"认真"已深入我的骨髓中，融化到我的血液里，已经成为一种自然而然的习惯，有时候想不认真，反而会觉得不自在！因为无论做什么事情，我都会全身心投入，全力以赴，尽自己所能把每一项工作都做到让自己满意。

对于工作，我不敢违心地说，我多么热爱，多么喜欢，但是既然我们无法改变，那我就选择坚持，坚持下来了，也感觉到其中的乐趣了。正如有人说，我们工作的最大意义就是可以陪伴和见证每一个生命的成长。工作就像我们每天都要吃的馒头，虽然不是最美味的，却是我们最不能离开的。工作是我们生命中最重要的舞台，有工作的日子，我们要懂得感恩、珍惜。

人生就是逆水行舟的过程，不奋力前行就会被冲回原点。每天进步一点点，不要求自己有多优秀、多出众，至少要让自己不后悔，所以我想说，坚持最美。

做孩子心目中的"漂亮"老师

　　我是一名幼儿教师，我很享受自己的这一称谓，因为它是年轻、单纯、活泼、快乐的代名词，这份永葆年轻、快乐的秘方来自孩子，因为和孩子们在一起没办法不高兴，所以即使我的年龄再增长10岁、20岁……甚至更多，只要我还和孩子们在一起，我依然会觉得自己年轻、漂亮！说到漂亮这个词，大家肯定会想："也太自恋了吧！"不是自恋，是孩子们给予我们的"漂亮"和大家眼中的"漂亮"的意思完全不一样，这个"漂亮"里面寄托着孩子们的喜欢、依赖、爱和信任。不怕被大家笑话，幼儿园老师最喜欢问但又好像很无聊的问题就是："孩子们，你们说我和某某老师谁漂亮？你喜欢谁呀？"我们知道孩子们是纯真的、善良的，他们也不会撒谎，除去几个过于成熟、会见风使舵的小大人之外，大部分孩子会率真地说"某某老师漂亮"。可能有时候孩子们眼中的某个漂亮老师会让我们大跌眼镜，我曾经和我们园一位非常年轻漂亮的老师搭班，有时候我们一起和孩子们聊天的时候，自信的她经常会问："孩子们，你们说我和白老师谁漂亮？"每次孩子们的回答都会让她找不到自信，她就在我面前撒娇说："你说，他们这是什么眼神啊！"慢慢地，她也成了孩子们眼中真正漂亮的老师，虽然问这个问题的时候我们自己也感到很好笑，但是每次细细推敲孩子们的回答，你会发现，他们眼中的"漂亮"老师就是他们喜欢的老师。

　　所以，当我看到名师论坛的题目"学生喜欢什么样的老师"时，我好想做一份调查，问问孩子们到底喜欢什么样的老师？他们会给我们什么神奇的答案？但孩子们放假了不在身边，即使在身边我也不可能得到准确的答案，因为我们幼儿园的孩子还处在具体形象思维阶段，对这样抽象概括的问题，他们不可能做出我们想要的、具体的答复，他们会说我喜欢哪个老师，但不会说喜欢什么样的老师。只有调查取证才有发言的权利，于是我就在我们幼儿园的老师中做了一次调查——通过你们和孩子相处，你们觉得孩子喜欢什么样的老师？在接受我调查的老师当中，有刚刚踏上工作岗位的实习教师、年轻教师，也有工作了10年以上的中年教师，还有工作了25年以上的老教师，综合他们的答案，大约就有以下这十条。

（1）愿意倾听孩子们说话，愿意和他们交流的老师。

（2）对他们很在乎，很关注他们的老师。

（3）愿意和他们一起做游戏的老师。

（4）愿意和他们一起玩、一起疯，能满足他们要求的老师。

（5）喜欢经常向他们竖起"大拇指"的老师。

（6）会"示弱"的老师。

（7）脾气好的老师。

（8）对他们要求严厉的老师，他们犯错了会"批评"他们的老师。

（9）能交给他们任务、信任他们的老师，能让他们体验到"自我存在价值感"的老师。

（10）有好奇心、能感受到孩子们感动的老师。

其实，得到这些答案我很高兴，因为这和我对孩子们的了解，和我自己的答案差不多是吻合的。

我想教育主管部门给我们一个这样的题目让我们交流，目的并不是要收集这个问题的答案，而是要让我们在寻找答案的过程中，反思自己的教育教学行为，找到自己的不足，静下心来研究孩子们，真正做孩子们喜欢的老师，而不仅仅是成人眼中的"名师"。有时候我在思考这个"名师"到底是什么意思呢？名称、名誉、出名、有名……我找不到一个合适的答案来定义它。我想名师不仅是一种称谓，一种区别于一般教师的称号，更是一种责任，一种更高的规范和要求，这种责任和要求不仅是外界给的，而且是自己给自己的。

随着年龄的增长，我慢慢体会到，"幼儿教育的真实，不是在书桌旁构建起的理论与权威的学说之中，而是在孩子们之中，在实践之中"（高杉自

子）这段话的真正含义。我们要想成为孩子们喜欢的老师，必须要站在孩子们的立场上研究孩子、了解孩子，与孩子建立良好的关系。

著名家庭教育专家孙云晓教授曾说："好的亲子关系胜过许多教育。"我想这句话也可以这样说：好的师幼关系胜过许多教育。你跟孩子的关系是好的，你的教育才可能是成功的。你跟孩子的关系是糟糕的，你的教育一定是失败的。所以改变教育从改变关系开始，改变孩子从改变我们自己开始，改变明天从改变今天开始。与孩子关系的好坏决定了教育的成败。

与孩子建立良好的关系不是一朝一夕之功，我们必须经常和孩子在一起，与孩子共同生活，走进孩子的世界，倾听孩子的心声。要想与孩子建立良好的关系，必须做到理解孩子、尊重孩子、信任孩子、帮助孩子和引导孩子成长。

要想真正地开创适合孩子的教育，教师应抱有向孩子学习的谦虚态度，有人曾经说：保育的方法策略不在指导手册中，要相信在孩子中存在着多样的解答，要真正地与孩子交往，不要蔑视孩子，要向孩子学习。

面对纷繁复杂的保教活动，我们经常会因为找不到可以照搬的现成理论知识或指导策略而焦虑不安，甚至会非常苦恼。其实，过度依赖现成的答案会弱化我们自身的感受力与思考力。我们只有仔细观察眼前的每一名孩子，认真探察其行为的意义，不断反思自身的行为，为其提供适当的援助和指导，才能够实现我们自身的专业化发展。

让我们静下心来倾听孩子，和孩子共同成长！成为和孩子心心相印的老师，成为孩子们心目中永远的"漂亮"老师！

幼儿园里的"三件事"

和朋友一起聊天的时候，经常会被问道："你们天天忙，都忙些啥事啊？"是啊，幼儿园教师每天都忙忙碌碌的，忙了些什么呢？细细想来，不外乎以下三件事情。

一、带班

老师们都说，带班是最轻松的一件事情了，只要能让我安安静静地在班里和孩子们在一起，这就是最幸福的事。

在老师们嘴里的"轻松事"，事实上可不是那么轻松的，带班的基本要求是，不离孩子左右，随时满足孩子的活动需要和生活要求。曾经有一位家长这样说：我带一个孩子都觉得受不了，你们怎么忍受一整天这么多孩子的嘈杂？是啊，从孩子早晨入园到傍晚离园，一天整整十个小时的活动时间，老师必须寸步不离孩子的身边，有序组织幼儿完成学习、游戏、生活、锻炼等各项活动，保证不出任何意外事故，能轻松吗？

简单地举个小班幼儿生活活动的例子。一个班三十多名幼儿吃饭，饭前要小便洗手，老师必须一个个检查整理孩子的衣裤，并帮助孩子挽起衣袖防止洗手时弄湿袖管。随后，清洁消毒餐桌，分发饭菜，其间必须保证每个孩子都吃完自己的一份饭菜。这可不是一件容易的事情！大部分小班孩子在家吃饭都是由父母喂，在园自己吃，不仅是把饭菜撒在桌上的问题，更重要的是不肯把饭菜咽下去。老师必须一个个提醒，一个个说服，耐心地劝说孩子把饭菜吃下去。等孩子吃饱了，自己也差不多累得吃不下饭了。

如果一天中间有哪个孩子出现了一点点小问题，老师的头就大了。例

如，孩子突然大便在身上了，老师必须帮孩子换洗干净，还得了解便在身上的原因，并及时与家长沟通。有时遇上不讲理的家长，误解老师没有及时提醒孩子去大便，老师心里就更难受了。再如，孩子之间发生争执，有个孩子被抓伤了，这可不得了，孩子都是父母的宝，老师先得向家长赔不是，解释事情发生的前因后果，求得家长的谅解。

很多时候，老师会在下班时长长地舒一口气，一天总算安全地过去了！是啊，只要我们有足够的细心、耐心和爱心，带班就是一件轻松快乐的事情，因为孩子们的成长和快乐会带给我们同样的快乐，让我们觉得：带班真好！

二、活动

孩子们是在活动中锻炼成长的，因此每个幼儿园的活动都很多，而且很多活动，我们都会邀请家长参加，一方面便于家长了解幼儿园教育，另一方面方便家长在互动中看到孩子的成长。

有家长的参与和互动，教师的活动压力就来了：家长参与的活动，不能落下一个孩子，更不能出现失误！

这样，教师设计和组织活动的紧张程度就可想而知了。要保证每个孩子都有上台表演的机会，就得设计符合孩子年龄特点、适合不同发展水平孩子的活动，对于老师来说，这无疑是挑战。很多老师都说，在组织活动期间，连晚上做梦都是自己班里的孩子，这绝对不是夸张。一次次的活动设计，一次次的老师间讨论，一次次的模拟表演……老师们在挑战中成长，也在孩子们的精彩演出中欢笑，所有的劳累都在家长们的掌声中烟消云散了。

对于幼儿园老师来说，每月一次的园部大活动，就是对自己的一次历练。而年级组、班级的一些小型活动，就是自己的一种经历。各种大大小小的活动，促进了孩子的发展，更提升了教师组织活动的能力，展示了教师的种种创意，让家长们看到了孩子的活力。

组织活动是每位老师既盼望而又倍感压力的一件事，有压力就有动力，有动力就有成长，我们的老师就在这一次次的活动中和孩子们一起快乐地成长。

三、学习

教师是一个富有挑战的职业，其挑战性就在于教师必须不间断地学习，积累教学经验，提升教学能力。学习也因此成为幼儿园教师的第三件大事。

从如何带好班开始，我们一点一点地积累经验。我们开展半日活动观摩，为的是从比较中总结每位教师好的做法，帮助年轻教师快速地掌握带班技能；我们组织听评课活动，为的是切磋教育教学方法，从中把握教育技巧；我们提倡写教育笔记，为的是反思自己的日常教学，从中吸取教训，总结经验；我们尝试做观察记录，为的是分析孩子的行为，思考自身的教学策略；等等。

这些不间断的自我学习，以及幼儿园为提高教师基本教学技能而组织的相关培训，老师们都是利用自己的业余时间完成的。因为，我们把上班的时间都留给了孩子。虽然老师们从来都不提自己利用业余时间做的事情，但大家都把这件事作为人生最重要的一件事来做，因为只有不断地学习，才能获得自我成长。

幼儿园老师的生活，就这样被这三件大事充实着。我们做的，是管理孩子吃喝拉撒的小事，只要孩子健康，我们就安心；只要孩子快乐，我们就开心；只要孩子成长，我们就幸福！我们做的，是带领孩子参加各种活动体验的小事，只要孩子能上台，我们就会为他们鼓掌；只要孩子有需要，我们就会为他们创造一切；只要孩子能展示自己的能力，我们就甘心做幕后的英雄！我们做的，是每天不间断学习的小事，只要有学习的机会，我们就会珍惜；只要有学习的可能，我们就会把握；只要有学习的快乐，我们就能获得成长！

我们做的，就是这些平凡而琐碎的小事，我们的理想，也就是做好这些小事。我们相信，把每一件平凡而琐碎的小事做好，就是做好了一件了不起的大事。因为我们的付出，换来的是孩子的发展，更是我们自我的成长！

以诚相待　换位思考

　　我一直觉得自己是个幸运的人，因为无论是幼儿园里的各项工作，还是外出参加各种比赛，我一直都非常顺利，家长工作也一直得心应手，很少失败。可在参加工作的第六个年头（2001年），在一次家长开放活动上却栽了跟头，到现在还记忆犹新。

　　那是一次家长开放活动，家长到园来观看小朋友的会操表演，我们班小朋友准备的是易拉罐操。为了防止发生意外，中午小朋友离园时，我和李老师特意清点了易拉罐的数量，人手一对，还多两个，并要求小朋友把易拉罐放在自己的座位上，以方便下午取放。可当正式活动开始时，我却忽然发现前面一个小朋友的手里没有易拉罐，当时很着急，别的什么也没想，为了整体效果，我就把队伍最后面的那个小朋友的易拉罐拿过来给了前面的小朋友。那次比赛我们班小朋友表演的体操特别整齐有力度，效果非常好，比赛结束后，我和孩子沉浸在快乐之中。可还没等我高兴过来，钊钊的妈妈就气冲冲地跑过来说："白老师，你为什么把我孩子的易拉罐拿过去给了别的孩子……"我脑袋当时就嗡了一下，在场的家长一下子都围了上来。"我……""你，什么你？你这样做就不对，你瞧不起我们家孩子。"连解释的机会都不给我，家长拉起孩子就走了。我委屈的泪水一下子就涌了出来，冲进办公室趴在桌子上哭了起来。委屈归委屈，第二天早上，这位家长来送孩子，我还是热情地迎上前去，主动和她打招呼并表示了自己的歉意，把孩子从她手中接过来，像什么事情都没有发生一样。后来有老师告诉我："白老师，我听说你们班那个家长光打听你对她孩子好不，如果不好，她就给孩子调班，这家长真不懂事！"我微微一笑，什么话也没有说，因为我明白家长的心情。

接下来的日子，我始终以自己的真诚和热情来对待这位家长及孩子，还给她写了一封信，把当时我的所想告知给她，同时明确地告知她我很喜欢他们家孩子，并没有瞧不起他，把他排在最后也是因为孩子个子长得高，并向家长和孩子道歉："当时没和孩子解释就把易拉罐从孩子手里拿走，确实伤害到了孩子。"时间在我和孩子们的欢声笑语中不知不觉地流淌，我用加倍的关心弥补对孩子的伤害……在举行毕业典礼的前一个晚上，这个家长找到我并拉着我的手说："白老师，我错怪你了，你其实是一个好老师，我们家孩子一直挺喜欢你，我一直想跟你道歉，却不好意思面对你，希望你也能原谅我，我当时太冲动了……"我又一次流泪了，可这一次是因为感动。

这件事情虽然过去很多年了，但我从来没有忘记过，因为它一直提醒着我，无论做什么工作一定要做到真诚、耐心、细致，学会换位思考、宽容和大度。如果遇到问题，我们应做到以下几点。

（一）保持镇静，学会微笑

当我们被家长误解时首先要保持镇静，学会克制自己的怨气，切记不要和家长争执，如果家长对我们发牢骚，我们可以等家长发完牢骚之后，面带微笑，耐心地和家长解释，微笑的魅力是无穷的，微笑能缓解人紧张的神经，并且能让对方感受到你的友善和真诚，伸手不打笑脸人，所以微笑是解决棘手问题的最好办法，它就像巨大的磁铁吸引铁片一样让人无法拒绝。这样无论是在多么尴尬或困难的场合，都能轻易度过，赢得家长的好感，体现自己的宽容大度，从而消除误解和矛盾，赢得家长的敬重。

（二）以诚相待，换位思考

当我们被家长误解时，首先应该想到的是自己的做法和想法是不是真的不妥，反过来站在家长的立场上考虑一下他们的感受，遇到问题时不要急于给自己找理由或为自己辩白，只要我们以诚相待，首先反省自己的不足，坦诚面对家长的质疑或误会，主动反思，然后找出问题和解决的策略，再次与家长进行有效沟通，这时一定会得到家长的认可，也一定可以拉近彼此的心灵，从而使交流和沟通变得容易且更愉快，我们的"良苦用心"也一定会得到家长的谅解和支持。

第三篇 教育拾趣

（三）精心准备，主动出击

如果我们被家长误解了，而家长又不主动找我们沟通交流，那就需要我们主动"出击"。作为教育的专业人员我们不能打无准备之战，在侧面了解家长误解的基础上，做好各种准备，包括这个家长属于哪种性格的人，家长关心哪方面的问题，他们家孩子在幼儿园的表现，存在的问题以及解决的方法或准备采取何种方式与其交流，等等，我们都要提前备好课。在做好充分准备之后，老师可以选择合适的时机主动与家长交流，消除家长对我们的误解。

无论运用何种方式、何种技巧与家长沟通，最关键的是要学会以诚待人，将心比心，换位思考，用宽容的心态去接纳一切，用真诚与真心换得家长的理解和配合。

沟通从心开始

　　家庭是幼儿园重要的合作伙伴，幼儿园有责任对家长的教养工作进行指导，而这种指导的基础是家园之间的有效沟通。那么，如何才能实现这种有效沟通呢？结合自己当班主任的经验，总结了以下几点。

一、爱心出击，取得信任

　　通过多年的工作我发现，每一个家长都很关心自己孩子在幼儿园的情况，每一个家长也都很想知道自己孩子在幼儿园的各种表现，却很少有家长能积极地与老师联系，主动去了解孩子在幼儿园的生活和学习。为什么会出现这种自相矛盾的状况呢？

　　我观察到的原因是多方面的：有的家长忙，忙得没有时间去过问孩子的情况；有的家长懒，懒得去与老师联系；有的家长怕，怕老师嫌麻烦；有的家长茫然，不知道如何开口去和老师交谈；有的家长腼腆，不好意思开口和老师说话。如果老师任由这种状况发展下去，那么家庭教育就不会与幼儿园教育保持同步，家园合作就会陷入恶性循环的局面。遇到以上种种情况时，教师应尽量主动与家长沟通，询问孩子在家的表现，主动向家长反馈孩子的情况，取得家长的支持，这就要求我们做个有心人，善于用心观察孩子在园的一举一动。从心理上讲，人对于事物是比较敏感的，只有出自真心的关爱，才能让孩子和家长真正感受到。真挚的感情可以拉近彼此的心灵，交流和沟通更容易，也更愉快。只有这样，家长才会化被动为主动，积极配合教师的工作，使家庭教育与幼儿园教育保持同步，从而达到家园合作的目的。

二、精心准备，赢得尊重

一旦取得了家长的信任，就唤起了家长与你主动交流的愿望，那么就要做好应对各种家长、各种问题的准备。不要家长主动了，你反而被动了。做家长工作，不能打无准备之战，即使看上去是随意地和家长交谈，也一定要是事先精心准备的。例如，今天你要和哪位家长交流？要交流孩子哪方面的问题？这个家长属于哪种性格的人？家长关心哪方面的问题？你要采取何种方式与其交流？老师都要提前在心里备好课。在与家长的沟通时，要注意以下几点。

（一）要讲究语言艺术

当我们面对家长时，不能居高临下，我们不要使用"你应该"或"你必须"这样命令性的字眼，而应该说"我认为……"或"你认为怎样"这些婉转、协商性质的词语，家长更乐意，也更容易接受我们的建议。当然也不能过于谦虚，在确定无疑时，语气也应该十分肯定，让家长知道你的意见是不容置疑的。

（二）谈话内容要具体

在解答家长的疑惑、给家长建议时，一定要有针对性。要针对孩子的实际情况，这就需要教师在平时要仔细认真地观察每个孩子，了解他们的性格特点、生活习惯、兴趣爱好、优缺点以及你采取了哪些教育措施，需要家长怎样配合，等等，不能含混不清，泛泛而谈，让家长不着边际，听上去非常有道理却不能解决实际问题，从而让家长失望，进而对教师的工作能力产生怀疑。

三、耐心应对，博得敬重

虽然说大多数家长都对老师比较尊重，个人素质都比较高，但也有少数不讲理、素质相对较差的家长，对于家中唯一的孩子，都比较溺爱，什么都听孩子的。对于这类家长，我们要有耐心，并特别注意讲话的艺术，与其交谈时先对孩子在幼儿园的良好表现予以真挚的赞赏和表扬，然后巧妙地指出孩子的缺点，让对方在心理上能接受你的意见。最好是能将孩子在幼儿园的一些真实表现拍摄成视频，让家长观看的同时用恳切的语言指出孩子存在的不足，耐心热情地帮助和说服家长应该采取正确的方式来教育子女，让家长实事求是地反映孩子在家的情况，认识到过分溺爱对孩子健康成长的伤害，用理智的态度来面对和解决问题。

例如，对于那些专爱挑刺、牢骚满腹的家长，我们要更有耐心，要做到以理服人。年轻教师碰到这种爱挑毛病的家长往往也会热血冲头，对这种家长我们一定要沉得住气才行。当我们面对家长的指责时，要克制自己的怨气，不要和家长争执，要学会接纳家长的情绪，并要有同理心，站在家长的角度去思考问题，然后提出解决问题的方法。

四、虚心学习、恒而久之

教育不是一朝一夕的，而是一项长期、复杂的工作，必须通过家庭与学校的相互协作、相互沟通、相互信任，才能取得更好的教育效果。孩子的不足，同样也不是一天两天就能改正的。我们是幼儿教育工作者，在家长眼里，我们都应该具有全面的幼儿教育理论知识。在幼儿教育工作方面，我们应当比家长懂得更多一些，做法更高明一些。我们应当会用教育工作者特有的眼光来看待、分析问题，帮助家长解决他们的困难，尽可能科学地评价孩子的品质和学习。然而要做到这一点其实是很不容易的，首先我们必须在工作中不断学习新知识以增强业务能力；其次还要不断提高自身的道德水平、文化素质修养及涵养气质，在与家长的交流中不断改变和调整自己的言行、习惯和性格。虚心学习，努力研究现代幼儿教育工作的理论和实践，与家长建立长期的沟通，互通孩子在园的各种表现，及时对孩子的进步给予表扬和鼓励，退步的方面也应及时指出，督促其改正，使孩子朝着良性循环的方向发展。

无论运用何种方式、何种技巧与家长沟通，最关键的是要以诚待人，以心换心，同时努力提高自己的道德修养和理论水平，这样才可以架起心与心之间沟通的桥梁。

第三篇 教育拾趣

参与　幸福　成长

——写于2012年的一篇总结

忙碌永远是我们工作的主旋律，因为忙碌，所以我有时会有些迷茫，幸亏有了同事和孩子们的帮助，才让我的教育生活显得比较丰满。盘点自己走过的每一天，欣喜地发现，我们的行动与收获远远高于当初制订的计划和目标，我们的齐心协力与辛勤付出一同见证了在丰富多彩的活动中孩子们的快乐成长，幼儿园的快速发展，同时更体会到自己的进步，这一切都因为我们参与其中。

一、因为参与，所以幸福

促进孩子的发展是我们工作的出发点和归宿。怎样才能让孩子得到发展？只有让孩子亲身体验、亲自参与，孩子才能获得有益的经验，才能得到发展。以快乐、健康、成长为目的的亲子运动会，以培养孩子的自信心为目的的表演游戏，以发展孩子多种能力为目的的游戏活动观摩，以发展孩子的口语表达能力为目的的故事大赛，以丰富孩子的社会经验、培养孩子的爱心为目的的走进敬老院、中秋月饼圆、包水饺系列社会实践活动，等等。为了能够促进孩子的发展，我们一次次讨论、制订方案、推翻方案、再讨论、再制订方案，现在回想起来，那一幕幕好像还在眼前，一次次的活动对我们来说就是一次次的挑战，我们都从不会到会，从失败到成功，策划、组织、指导、欢笑、泪水、汗水交织在一起形成一股无形的力量，这股力量让我们的孩子得到发展，这种力量也让我们每个人得到锻炼，虽然有时候我们感觉有些累，但我们是幸福的，这种幸福是因孩子的成长，因我们的参与。

二、因为参与，所以成长

作为幼儿园教学、教研活动的组织、实施和计划的制订者，促进教师的专业成长和发展是我工作的核心内容。针对我园教师的实际情况，我们从教师个性化成长需要出发，把解决教师在工作中遇到的实际问题和资格证考试、编制考试的相关内容作为园本教研的核心，以活动为载体，教研为手段，发展为目的，力求教师发展的实效性，我也因参与得到了成长。

（一）听，让我学会反思

1. 听课

听、评课于我来说，不仅是一项任务，更是一种反思成长的好机会。因为听课并不是一个单项的活动，而是一个多边的活动，在听的过程中，首先我会考虑教师的教学内容的选择是否符合幼儿的年龄特点和接受能力；其次我要看执教教师制定的教学目标是否落实到每一个环节中，能不能完成任务；最后我还要看环节之间的过渡、衔接是否轻松自然。除此之外，还要关注教师的教学行为、师幼互动等。最主要的是观察孩子的表现，要根据老师和孩子的课堂表现反思自己平时的教学行为。我每年听课60多节，其中包括外出听课、给参加比赛的老师听课、级部内听课、教研组听课等。

（1）听比赛课。例如，给洪霞老师听课时，我在想怎样才能将故事表演、手指谣表演与孩子的学习很好地结合在一起，让整堂课变得生动、活泼；给翠萍老师听课时，我会思考怎样才能将社会搬入课堂，怎样让孩子在体验学习的过程中得到有效的提升；给耿莎老师听课时，我就会思考通过怎样的提问才能简洁而有效地让幼儿迅速把握整个故事，领会故事的主旨……总之，思考最多的就是什么样的一节活动才是有效的？才是能够促进孩子发展的？给外出参加比赛的老师们听课很有压力，因为真希望她们每一个人都能成功，同时我也非常感谢这些老师，因为参与、因为思考，我的教学理念在不断改变，我的教育行为也在不断变化。

（2）听常态课。听常态课，感觉相对轻松，因为没有评比的压力，一心一意听老师们的课，目的就是通过听、评，了解教师的授课情况，提高教

师授课能力的同时，提升教师的教育理念，从而带动教师专业素质的提高和发展。在给这些教师听、评课的时候，有时候我会毫不留情地指出她们的缺点，可是教师们也从不生气，有时我们还会带些调侃，所以听、评课的过程也很愉悦。在这种轻松愉悦的氛围中，我们一起反思教学中的不足，寻找解决问题的办法，不断地成熟、成长。

2. 听故事

在幼儿园里，由我提议将每周"我的成长故事"展示作为教研活动的前奏和固定内容，目的有三：一是提高教师的写作技能；二是锻炼教师的胆量；三是在分享彼此故事的同时，提高教师的师德修养，激发教师内心对孩子的热爱，对幼儿教师这一职业的深层认识，从而将教师的专业发展转化为教师的内在需要，让教师们体会到幼儿教育是一项爱的事业。

一学期50多个故事听下来，我感觉收获远远大于预期目标。每个人声情并茂地讲述，一次次震撼着我的心灵，一次次让我感动、流泪，让我有机会走进她们的内心世界，感受、倾听她们的成长。在倾听的过程中，我也在不停地思考如何做一名优秀的幼儿教师，如何才能无愧于名师的称号，得到的唯一答案就是：用心做事、踏实做事。

（二）做，让我得到提升

除去听、评课，在教学教研活动中，我做的另一项工作就是收集整理老师们各种教研活动的文案，从而形成我们的教育教学资源，本学年共计完成以下几种活动的整理。

（1）手指谣的整理。

（2）教育教学案例的整理。

（3）我的成长故事的整理。

（4）师德演讲稿的整理。

（5）小、中、大班创意美术活动的整理。

（6）小、中、大班社会实践活动的整理。

（7）各级部优秀教育活动设计的整理。

（8）听课心得的整理。

（9）幼儿行为习惯及能力发展评价的整理。

（10）各班家长教育资源的整理。

为了提高各种活动的有效性，为了让这些资源成为一种有效的资源，我曾经不断地给老师提出修改意见，有的甚至能修改五六遍，起初做这些工作有些烦，心想为什么老师们不能一次做好呢？但慢慢地，我也理解了大家，我们就是在不断纠错的过程中成长的。在这一过程中，我也得到了发展，因为做这些整理工作的同时，我自身的文字编辑水平和评价能力也不断提高，通过做这些事情我也得出了一条经验：只要参与，只要踏踏实实做事，就能提升。

每一次参与都是一次发展，每一次发展都会有所成长，每一次成长都会有些感动，每一次感动都会有些幸福，希望我的2013年会有不一样的参与、不一样的幸福、不一样的感动和成长。

我就跟你这样做

——模仿，幼儿学习的重要方式

学习完《〈3—6岁儿童学习与发展指南〉解读》，我们更加懂得要尊重幼儿的学习特点的重要意义，通过对我们班（托班）小朋友的观察，我发现模仿是3岁左右儿童学习的重要方式，这种模仿包括对成人的模仿，也包括同伴之间的相互模仿，不管我们是有意还是无意，孩子一定会不自觉地出现这种行为——我就跟你这样做！

镜头一：

艺诺是我们班新来的一位小朋友，因为我是第一个接待她入园的老师，所以她对我特别依恋，我走到哪儿她就跟到哪儿，典型的小跟屁虫，我做什么动作她就做什么动作，就像我的一面小镜子。这一天她又跟着我去听中班老师的课，起初还静悄悄地挨着我坐着，像模像样地在纸上记录着（模仿我的样子在一张纸上画各种符号）。可是听着听着可能被讲课的老师吸引了，不自觉地走到讲课的老师身边，努力学着老师的样子，老师的手指挂图，她也手指挂图；老师点头示意，她也点头示意；最有意思的是，她坐的方式也在努力地学习老师的样子，听课老师的注意力一下子都聚焦在这爱模仿的小姑娘身上，我示意老师们不要打扰她，讲课继续，模仿继续……（有视频记录）

镜头二：

同样也是领着我们班的另一位小宝贝去听中班的课，她的名字叫思宇。和上一个精灵不同的是，她的注意力是被参与活动的孩子们吸引了，从开始乖乖地挨着我听课，到慢慢地走下座位，走到哥哥姐姐们中间坐下来，认真模仿他们的样子做动作，跟在他们身后做游戏，参与活动……（有视频记录）

在我们班里，像这样的镜头还有很多很多……

模仿在继续，精彩在继续，无论是有意还是无意，孩子都会钟情地做一件事——我就跟你这样做。通过对孩子的观察，我发现模仿是这一年龄阶段孩子的重要学习方式，作为老师应充分地理解、尊重和保护孩子的这一学习方式，顺应孩子的发展，为孩子提供多种正确的活动环境和学习榜样，满足孩子的学习需要和模仿需要，提高孩子的模仿能力，让孩子在快乐的模仿中学会生活、学会学习、学会和小伙伴相处，促进孩子健康发展。

来自星星的孩子

新学期，我们又迎来好多可爱的面孔。开学当天忙得不亦乐乎，有的哭，有的闹，有的跑，有的笑，唯独他，和所有的孩子不一样，不哭、不闹、不跑，也不笑。白净的面孔上那双深邃的大眼睛特别突出，可他的眼光从来没有停留在人的身上，他对周围的人群不感兴趣，来到陌生的环境，他既没有恐惧感，也没有新鲜感，更没有亲切感，因为这一切好像跟他没有关系，他只沉醉在自己的小世界里——他是星星的孩子。

我的愿望：你看老师一眼好吗？

我轻轻地拉起他的小手，叫着他的名字："宝宝，你看看老师好不好！"可他丝毫感受不到我的亲昵和友好，眼睛不肯在我的脸上停留一秒，嘴里不时地发出"嗯"的声音，眼睛却盯着门口的班牌！我意识到他可能是对"班牌"感兴趣，于是领着他走过去，指着班牌上的字念给他听，没想到他竟然高兴地跟着说出"托一班"几个字，并且开始不停地重复"托一班"。然后又开始拉着我的手，寻找下一处有"汉字"的地方。哦！原来，他那一对大眼睛只看得见字母、汉字、符号，只有在看到这些的时候，他的眼睛才会放射出光芒。

下班后，我开始在网上疯狂地搜索这类孩子的特点，确实有一条叙述有的孩子会对汉字和符号感兴趣。意识到这一点后，我和班里的老师马上制作了许多汉字卡片，如"谢谢""对不起""我想吃苹果"等一些日常用到的词语、短句，并把这些词卡放在班级门口的储物袋里。每天宝宝来到幼儿园后，都会把储物袋里的词卡全部拿出来摊放在地面或桌面上，一个一个地念，遇到不认识的他会主动拿到我们的面前，用一种类似于求知的眼神看着我们，"读什么？"我们把读音教给他，他就心满意足地跟读一声，然后走回去继续重复刚才的动作。

通过观察，我们发现只需一遍他就会认识词卡上的所有字，所以每过一段时间，我们就会为他更换一部分词语，因为这是他和我们交流的唯一方式。虽然他的识字速度和识字数量都很惊人，可我的心里却感觉不到丝毫的愉快，反而很沉重，我多想让他看我一眼啊！

我不会放弃的，总有一天我会让他看着我的眼睛和我说："老师好！"

我真的很高兴：今天他回头看我了！

宝宝虽然每天都沉浸在自己的世界里，高兴着自己的高兴，幸福着自己的幸福。可我们却一刻没有停止过对他的关注，因为他特别喜欢识字，并能认识许多的数字和汉字。所以我们都给他取了一个好听的名字——天才。虽然他不理我们，可是我每天进活动室的第一件事就是叫叫他、抱抱他、亲亲他，然后告诉他我们是他的老师。

这一天像往常一样，我进门之后，正看见我们可爱的天才拿着一本台历在电视机面前陶醉着，我轻轻走过去，叫了一声"宝宝"。没想到他竟然回过头来冲我笑了。我赶紧抱起他，使劲地亲亲他，并兴奋地告诉同班的老师："赵敏，今天宝宝冲我笑了，我叫他的时候，他回头看我了！""对，这几天宝宝确实比以前好多了。"我们的兴奋无以言表，比得到任何奖励都高兴，我们默默地祝愿宝宝越来越快乐、健康。

我们一起去看迎春花

　　今年的春虽然来得很早，但脚步却慢了许多，总带着那么几分寒意，盼着这几天能够暖和些，因为我答应孩子们一起带他们去看迎春花。可是冬爷爷好像不愿意离开我们，这几天越发地冷了，可我想用自己的行动告诉孩子们："答应过别人的事情就一定要做到，不能食言。"虽然很冷，但我还是带着孩子们一去出去寻找春天的影子，一起去看迎春花。

　　走在路上，孩子们异常兴奋，看到路旁的冬青，我问他们是什么植物的时候，他们没有人说不认识，而是大声告诉我："老师，这是绿树！"我笑了，孩子们的回答多形象。因为是绿颜色的树，所以叫绿树，非常符合孩子们逻辑的一种回答。"孩子们，你们说得很好，它是绿颜色的，冬天的时候它也是绿色的，所以它真正的名字叫'冬青'。"这时候，不知道是谁大声说道："老师，那儿是迎春花吗？""对，那就是迎春花，老师今天就是带你们来看迎春花的。走，让我们轻轻走过去和迎春花说说话好吗？""老师，你看小草变绿了，你们不要踩疼了小草。"一个疼字，让我感到好欣慰，真的应了那句话"人之初，性本善"。

　　老师你带相机了吗？我们想和迎春花一起照相，好的！分组照相的时候，孩子们都很自觉地排好队，紧紧挨着迎春花，我觉得孩子们的笑脸就像迎春花一样纯洁、阳光。它将永远定格在我的心里，孩子们就是我们的迎春花。

4

第四篇

研修学习

总有一段文字会影响生命的成长，总有一个人或一件事在生命中留下抹不去的痕迹。遇见，仿佛是一种神奇的安排，它是一切的开始……感恩自己从教20多年来的每一次学习与培训，是它们陪伴着我一起成长。

风景在路上

事件背景：

博兴是山东省滨州市的一个小县城，2010年在这座小县城的教育史上发生了一件前所未有的事情：即博兴县2010年暑期教师全员培训，涉及高中、初中、小学、幼儿园共计4000余名教师，其中幼儿园教师800余人（教育主管部门以文件的形式要求幼儿园全部放暑假，这是我当幼儿教师以来第一次享受假期）。在这800余人当中，年龄最大的50多岁，年龄最小的19岁，她们中约有80%属于编外人员。此次参与培训主讲的人员没有专家，也没有教授，全部是来自一线的教师，我有幸成为主讲教师的成员之一。"主讲教师""学员""教师""学生"各种角色的转换在几天内完成，从台上走到台下，可以说是轻松而又快乐的，我时而被台上的人感动着，时而被台下的人激励着，大家的努力、认真以及似火的激情给了我太多的感动和思考。

2010年7月5日，博兴信息教育网上发出了有关幼儿园放暑假的通知，心里有些窃喜：终于可以享受一下人民教师的假期了，这下可放松了，太惬意了。作为幼儿教师已经好多年没有暑假了，教育局万岁！幼教科万岁！——兴奋！

7月7日，幼教科发出将组织全县幼儿教师参加统一培训的通知，因为之前看到了有关中小学各学科培训的通知，大家都要培训，无所谓了。只要自己不被点名当主讲人就好了！——侥幸！

7月9日，接到幼教科有关暑期培训的具体工作安排，主讲人里不但有白桂云的名字，而且是中奖率最高的一个，我"有幸"被安排了两次培训任务。——紧张！

喂！××如果你去参加培训，你希望听到什么样的内容？（没想过）××如果你去参加培训，你希望听哪方面的内容？（具体点的吧）什么是具体点的？（我也说不清楚）

喂！××如果让你去给别人培训，你会讲哪些方面的内容？（贴近老师需要的吧）……我问了好多老师，但没有人给我一个具体的答案。——彷徨！

喂！把你们的托班教材先给我拿过来看一下，你们谁有有关托班孩子的书籍借我看一下，谁有有关托班孩子的音乐、游戏和我分享一下……不管怎么样，先找资料吧！

我坐在幼儿园的资料室里一本书一本书挨着翻，一张碟片一张碟片挨着看。"白老师，你天天在找什么呀？""不知道，看有没有自己能用的。""妈妈，你天天上网干什么呀？""妈妈学习啊！"——迷惘！

7月15日，幼教科领导召集我们主讲人开会讨论有关培训的问题，大家你一言，我一语地发表自己的意见，领导又给了我们具体的要求和点拨，我好像忽然想到自己要讲什么，要和大家交流什么。——豁然开朗！

7月16—22日，在家认真组织材料，研读教材。——时刻准备！

7月23日，幼教科领导再次召集各幼儿园园长开会布置有关暑期培训的问题，因为园长临时有事，我代园长参会，会上领导再次强调了培训的重要性，并对培训教师提出更明确的要求：一定要让培训过程生动起来，一定要让大家互动起来，一定要充分利用团队的力量，领导的讲话让我感受到了前所未有的压力，我该如何调整自己已有的思路？——再次迷惘！

7月24—26日，不断地修改、调整自己的思路，和同事一起商讨，分配任务。——寻找出路！

7月27日，园内培训开始，我小试牛刀，让大家一起来检阅我的准备是否适合大家，同事们积极主动地参与并给了我新的思路和想法。——柳暗花明！

7月29日8点30分，我第一个走上给全县幼儿教师培训的讲台，领导默默支持和鼓励的眼神，团队的配合，台下老师的积极响应，让我惧怕的3个小时竟然变得那样的短暂和难忘。11点30分，走下讲台，连续多天的紧张和压力一下子就没有了，只剩下了轻松和平静。——真的好轻松！

"主讲教师""学员""教师""学生"各种角色的转换在几天内完成，这个暑假10天的集体培训必定会成为我今后的一笔财富，从台上走到台下，可以说是轻松而又快乐的，时而被台上的人感动着，时而被台下的人激励着，大家的努力、认真以及似火的激情给了我太多的感动和思考。

一、只要付出，就一定会有收获

教师培训虽然过去了，但是它留给我们的宝贵经验和财富并没有过去，如果没有这次努力地准备培训内容，也许我永远也不会静下心来去研读教材，去了解每个孩子的特点，去寻找老师们需要的知识点，去挖掘每个主题背后的实质。当老师这么多年，第一次读到了教材的美，认识到了课程的广博和丰厚。失败也好，成功也罢，培训的过程我并不孤单。身边有那么多支持、鼓励我的朋友，结交了那么多同行的兄弟姐妹。他们的积极参与让我明白了什么是必须追求的，什么是必须把握的，什么是必须执着的，什么是不可以打败的。我不再对自己的未来感到迷惘，第一次如此清楚地知道现在要做什么，第一次知道我拥有的原来才是最美的。

二、只有学习，才能不断进步

已经做了15年老师，取得了一些让人羡慕的成绩，得到了周围很多人的赞赏，自认为是幼儿园的一个老兵，凭经验就可以把工作干得游刃有余，可通过这次培训我才真真切切地感到，我只是一个新兵，而且是一个刚入伍的新兵。无论是教育教学还是教学管理，我需要学习的地方还很多，在幼教这个军营里，我只是一个新兵，我没有不学习的理由，我不能再坐在原地不动了，不能再吃老本了，必须要学习，真正地从心里走出去，去学习优秀的经验，接受新鲜的知识。只有这样，自己才能进步。

三、坚持就是胜利，心态决定成败

认真是我的习惯，无论做什么事情我都会认真地去做，但认真不代表情愿，工作有成果不代表对工作热爱。在这次培训中，我看到许多两鬓斑白的老教师，而且她们很多人都不是正式在编的教师，我也看到许多年轻而又活泼的面孔，她们一样也是编外人员，可她们的学习热情和工作热情却一点也不比编内人员差，当和她们谈起自己的工作时，她们眉飞色舞地述说，让我看到了她们对事业的坚持和热爱。我的心被震动了，我还有什么理由抱怨，还有什么理由不满足，还有什么理由不努力？能坚持到最后的才是"英雄"，她们没有丰厚的薪水，没有很高的社会地位，可她们一直在坚持，还有人像她们一样不断地加入，如果没有好的心态，能做到吗？这得需要多大毅力和耐心？她们就是我们的英雄，她们就是我们的榜样，让我们时时抱有一颗感恩的心去努力工作吧！

炎炎夏日，汗水如注，静坐板凳，苦心听记……这次培训是我所参与的最忙、最累的一次，也是我收获最多，感到最充实、最快乐的一次。我终于顿悟一切，积极努力地准备培训也好，轻轻松松地参与培训也罢，其实不在于那份早已明了的结果，只是为了途中那份迷人的风景和享受过程，真正的风景其实就在路上，享受风景，享受过程，就是最大的快乐。

2010年8月

美丽的邂逅

——山东省幼儿园教师远程研修工作总结

2012年8月26—31日，我有幸成为山东省幼儿园教师远程研修市级指导教师的一员，和任迎新老师共同负责滨城区、滨州实验幼儿园教师远程研修3班的学员指导工作。我们班共有108名学员，103名学员全程参加了研修，截至8月31日22：00共上交作业662篇，圆满地完成了研修任务。网上的集中研修虽已结束，可我们的学习依旧在继续，虽然只有短短的6天，可这6天带给我的收获、感动和思考却很多……

一、收获

作为指导教师，我一直感觉压力很大，给老师们当"老师"，对我来说是一次极大的挑战，我不知道我是否能担当好这个角色。自从接到这个通知，我一直在诚惶诚恐中徘徊，生怕不能完成任务，为了更好地完成任务，我开始不断地向中小学的指导教师请教，上网浏览有关远程研修的文章、帖子，认真研读指导教师、培训学员指导手册，希望可以做好充分准备去迎接这项任务。

6天的相聚、交流、互动却让我回味无穷，意犹未尽……之前的恐惧离我而去。时而被视频里的专家感动着，时而被网络上的同学们激励着，虽然远隔时空，可研修却拉近了我们彼此的距离。对于有幸成为指导教师的我来说，这次研修犹如一桌丰盛的"满汉全席"，吃得饱饱的，收获满满的，这种收获不仅来自知识，更多的是来自友情的愉悦与感动。

（一）收获来自业务理论的提高

总以为观看远程视频会很枯燥、无趣，可真正投入其中，却别有一番风味。朱家雄教授对"国内外学前教育的现状与趋势"的分析，又一次加深了我对皮亚杰的建构主义理论的理解和学前教育应该教什么的重新思考；丁海东教授的"幼儿园集体教学的活动目标及其实现"告诉我们什么样的"课"才是"好课"，让我们一线教师开始重新反思自己的教法；8月28日的"课例观摩与专家点评"给我们指引了前进的方向，让我们知道了什么叫"教无痕"，什么叫"有效"，陈磊老师的"幼儿园环境创设与案例"犹如雪中送炭，在"教无痕"基础上告诉我们什么叫"润物无声"；8月30日的"3~6岁儿童学习与发展的特点"和"3~6岁儿童行为的观察"犹如两针丰富的营养剂，帮我们学会了解孩子、读懂孩子；张卫东教授的"幼儿园安全管理与教学实践"告诉我们什么是幼儿园工作的重中之重……这个夏天是一个收获满满的夏天，这个夏天收获的"食物"足够我在以后的工作中慢慢享用和品味。

（二）收获来自一次次认真的点评

我是一个认真的人，来不得半点虚假，每天端坐在电脑前，看视频、记笔记、品作业、写评语……一刻也不敢懈怠，生怕遗漏一篇好文章，生怕自己的措辞不当打消了老师们做作业的积极性；一天下来，总觉得肚子已经倒空了，自己已经没有什么语言可以再评了，可是看到老师们的文章还是会有所感、有所发。尽量不复制自己用过的句子，尽量不做类似的评价，6天下来，300多条发自内心的评价，都是认真的结果；6天下来，忽然觉得自己原来还是"挺有才"的。

（三）收获来自友情的愉悦

从来没有想到做了"孩子王的自己"还会结识这么多优秀的"大"学生，研修虽然结束了，可QQ上跳动的那一张张笑脸还在我的心里，QQ上那些温暖的、贴心的话语还在我的记忆里，因为研修我们走到了一起，因为同班我们才有机会了解彼此的生活、工作。6天的相处，既交流了工作经验、学习体会，又增进了彼此之间的友谊，与他们相逢是我此次参加研修最值得珍惜的收获。

二、感动

当了16年的孩子王，其间也参加过多种培训，我不是一个爱煽情的人，可不知道为什么，这次研修令我感动的地方特别多，感动我的并不单单是研修的内容，更在于人与人之间的交流，人与人之间的那种坦诚相待。

（一）感动于课程的智慧设计

本次研修内容共分为七个模块，既有教育理念引领的理论学习，又有促进幼儿教师专业成长的教学案例，特别是课例观摩和环境创设案例两个模块的设计，非常符合一线教师的需求。从研修内容的设计上我们可以看到，省项目办领导的智慧和精心。研修形式更是与以往不同，以互动为中心，以网络为载体，综合运用专题讲座、课程简报、作业赏析、在线研讨、研修感言、学员评论等多种方法。真可谓研修内容丰富，研修形式多样，研修过程精彩，研修人员满意。我们幼儿园教师的研修是集体在微机室里进行的，教室里有时静悄悄的，那是老师们专注聆听专家的精彩讲座；有时又那么嘈杂，那是老师们激情飞扬的交流研讨；有时又那么热烈，那是老师们的思想在碰撞。屏幕在转换，讲解在延续，讨论声、赞叹声、键盘声，一切都是那么的自然，又是那么的和谐和顺畅。

（二）感动于大家的认真执着

每天早上7：30准时到集体研修室，中午有很多老师不回家——做作业、写评论，晚上回到家里后网上依然是热火朝天，QQ不停地叫："老师，我交作业了，你给指点一下吧！""老师，心得我发到你的邮箱里了，你看一下吧！"每天晚上11：00以后网上的人才变得稀少，大家都忙得不亦乐乎，乐此不疲。我一直觉得自己是个认真的人，可到了远程研修这个大平台上，我发现认真是大家的共同特点，比我还要认真的大有人在，无论我怎么努力，总也追赶不上人家，我的评论终于到100条了，人家变成200条了，我的评论200条了，人家又变成300条了……"同学"们的认真、执着深深感动着我，让我真切地感受到什么叫累并快乐着。

三、思考

回味这次研修，给我最大的帮助和改变就是让我重新审视自己以前的工作，重新审视自己担当的这个角色，它让我有时间停下来静静地思考我以后的路该怎么走。

（一）不断学习、不断反思

做了16年的幼儿教师，取得了一些小小的成绩，得到了小圈子里很多人的赞赏，自认为是幼儿园的一个老兵，凭经验就可以把工作干得游刃有余，可通过这次研修我才真真切切地感受到，我只是一个新兵，需要学习、充电的地方还很多，只要当老师就没有不学习的理由。

（二）做好每一件小事

幼儿园老师不用去做什么轰轰烈烈的大事，只要把有关孩子发展的每一件小事做好，把有关孩子成长的每一个细节做好就可以了。

这次研修是我所经历的最紧张的一次培训，但同时又是让我收获最多、最充实、最快乐的一次培训，就如同经历了一次愉快而美丽的旅程，邂逅了一群可爱而又执着的人，研修虽已结束，但是它留给我们的宝贵体验和财富并没有过去，我们收获的快乐仍在心中，我们学习的愿望仍在继续……

2012年8月31日

倾听孩子 共同成长

——一次面向全县幼儿教师培训的实录

2011年12月10 —30日，我有幸成为幼儿园骨干教师培训的一员，与其他49位优秀教师相聚在山东女子学院进行学习。21天的相聚、交流、学习让我回味无穷，意犹未尽……我尽自己所能把21天里让我感触比较深的所学所想浓缩到文字中和大家交流，希望能给各位带来一些思考和启发。

一、关注幼儿的生命安全（根据徐书芳教授的讲座整理）

我们这次学习有一个板块的内容是学前教育政策解读。总以为有关政策的解读一定会是枯燥的、无趣的，可徐书芳老师和王春英处长给我们带来的政策解读却是别有一番风味的。这真是"横看成岭侧成峰，远近高低各不同"，我们"不识庐山真面目"，不是我们"只缘身在此山中"，而是我们才刚刚爬山，还在山脚。对于学前教育的相关法规、文件、政策我们只熟悉其文字，并不理解其真正的意义，在运用的过程中也难免有所偏颇。

徐老师以尊重儿童、珍惜生命为线索，从《中华人民共和国宪法修正案》《中华人民共和国义务教育法》《中华人民共和国教师法》《中华人民共和国民办教育促进法》《中华人民共和国教师法》到《中华人民共和国未成年人保护法》；从《幼儿园工作规程》《幼儿园教育指导纲要（试行）》到《中国儿童发展纲要（2001—2010年）》；从国家如何将学前教育纳入国家法律法规到如何保护儿童的隐私权、著作权；从2003年幼儿教育走向市场到现在的幼儿教育的普惠性、公益性；从1990年施行的《幼儿园管理条例》

中提到的幼儿园应贯彻保育和教育相结合的原则到温家宝在2011年11月27日的《全国妇女工作会议上的讲话》中提到的如何尊重儿童、尊重生命等一系列内容为我们做了翔实的解读。

我把徐老师讲课中提到的我国宪法中关于幼儿教育的条款、教育法律中关于幼儿教育的条款和国务院近20年来颁发的行政规章做了以下梳理，希望对这方面内容感兴趣的同人可以仔细阅读一下。

（一）与幼儿教育相关的法律条文

（1）《中华人民共和国宪法修正案》2004年第十九条。

（2）《中华人民共和国教育法》1995年第十七、四十四、七十三条。

（3）《中华人民共和国民办教育促进法》2003年第二、三、二十七、二十八、二十九、三十一条。

（4）《中华人民共和国教师法》1994年第七条教师享有的权利，第八条教师的义务，第十、十一、十二、十三、十四、十五、十六、十七条对幼儿园教师应具备的资格做了相应的规定。

（5）《中华人民共和国未成年人保护法》2006年第十九、二十一、二十二、二十六、二十七条。

（6）《中华人民共和国残疾人保障法》第二十一、二十五、二十六条。

（二）与幼儿教育相关的行政规章

（1）《中国儿童发展纲要（2001—2010年）》。

（2）《关于幼儿教育改革与发展的指导意见》（2003年）。

（3）《幼儿园管理条例》（1990年施行）。

（4）《幼儿园工作规程》（1996年）。

（5）《幼儿园教育指导纲要（试行）》（2001年）。

（6）2004年以来颁发一系列安全文件，教育部联合公安部、司法部、建设部、交通部、文化部、卫生部、国家工商行政管理总局、国家质量监督检验检疫总局、新闻出版总署先后制定发布了一系列文件，保护儿童，珍惜生命。

（7）党的十七大报告中就已经提出要重视学前教育。

（8）《国家中长期教育改革和发展规划纲要（2010—2020年）》。教育第一属性是公益性。全文共4部分22章70条。学前教育单独列为一章，还在相关章节中完善了学前教育改革与发展的机制。

（9）《关于当前发展学前教育的若干意见》（2010年）。

通过整理这些政策和法规，我从宏观和微观上再一次对国家有关幼教的政策与法规有了新的认识，对幼儿教育、幼儿园、幼儿园老师有了新的认识。原来总觉得这些东西与我们的工作关系不大，可是通过学习、研读我才明白：熟知、理解这些政策和法规是我们从事幼教工作的根，是指导我们工作前进的准绳。

尊重幼儿，保护生命，需要教师对生命的热爱、珍惜和敬畏，对生命规律和生命潜力的认识、理解与尊重，对生命早期智慧的保护和支持；它需要教师深刻地懂得生命的整体性，懂得愉快的童年对生命发展的独特价值，懂得这一阶段的教育对每个幼儿个体生命的重要影响。作为老师，必须把尊重和保护幼儿的生命安全放在工作的首位并时刻谨记。幼儿的年龄小，身体和心理发育都还不成熟，缺乏自我保护意识和能力，极易发生意外伤害。所以，我们要保护幼儿的生命安全并让幼儿学会自我保护，培养幼儿的自我保护能力。近几年发生的幼儿被滑梯勒住死亡、校车闷死幼儿等事件说明一个问题：魔鬼在细节！一根火柴不够一毛钱，一栋房子价值数十万、数百万，但一根火柴可以烧毁一栋房子，一片林场！我们真的不可以忽视每个细小的环节，更不能存在麻痹大意和侥幸心理，我们应力求将幼儿一日生活中的每个小细节都做到极致。如果能做到每个环节都清点一遍人数，每次下车后都检查一遍校车，也许上述的事故就不会发生。

我们必须达成共识：保护幼儿生命、促进幼儿健康是幼儿园工作的首要任务。没有生命、没有健康，一切都无从谈起。幼儿应该是社会一切福祉的最先享受者，一切灾难的最后蒙难者。有了幼儿美丽的笑容，社会文明之花才能绚丽绽放。

二、关注幼儿的游戏（根据董旭花和许卓娅教授的讲座整理）

在这次培训过程中听到最多的一个词是"游戏"。游戏是幼儿们最喜欢的活动，也可以是说幼儿生活的全部，幼儿通过游戏不断地尝试、不断地表现，通过游戏来表达自己的意愿，展示自己的能力，宣泄自己的情绪，可以说幼儿的游戏是他们内心世界的对外展示，幼儿游戏水平的高低是衡量幼儿发展水平的一根标杆，作为教师我们必须认识到游戏对幼儿发展的重要性，那么游戏具有哪些基本特征呢？我们在游戏中应该发挥什么作用呢？

（一）游戏的基本特征

1. 积极的情绪体验

游戏的乐趣究竟是什么？何以幼儿要愉快地叫嚷？这是一种被抓住、被震撼、被弄得神魂颠倒的心理状态。

——荷兰文化人类学家　户伊青加

2. 内在动机

游戏是一种内驱性的活动，它不受外在驱力（如饥饿）或者目标（获取财富、特权等）的驱动，游戏的动机来自幼儿个体内部。

3. 自主性

游戏是幼儿的游戏，所以游戏的开发和过程，幼儿都有自主选择的权利，他可以自己决定玩还是不玩、跟谁一起玩、如何玩、如何使用玩具和材料，这种自由自愿性，与游戏的乐趣是紧密相关的，因为如果是老师分配的，那就不太好玩了，那是工作而不是游戏。

4. 特殊的真实与想象

幼儿游戏的内容与幼儿的生活相关，是对现实生活的反映，所以游戏具有一定的真实性，但幼儿的游戏绝对不会局限于生活或者照搬生活，幼儿的游戏充满了想象与创造性。

5. 重过程轻结果

重过程轻结果是游戏的突出特征，游戏的这种非功利性特征，也被称为非生产性，与前面谈到的内在动机是一致的，这也是游戏与学习、工作的主要区别。

轻结果，不是不要结果，而是不要游戏之外的结果，游戏本身的结果幼儿还是追求的。

6. 内在的规则与秩序

游戏是自由的，这种自由不是胡乱的，想要怎样就怎样，毫无约束和规

则的。认真观察幼儿的游戏，无论游戏多么凌乱，其实都是有内在规则和秩序的。

（二）教师在游戏中的作用

很多时候，我们在幼儿的游戏中扮演着旁观者和指导者的角色，可是听完董教授的讲述，我忽然明白：教师在幼儿游戏的过程中扮演着非常重要的角色，我们不但要为幼儿提供环境的支持（包括时间、空间及材料上的保证和合理安排），还应该认真地做好观察，从观察中获取指导幼儿游戏的依据，同时也应成为幼儿游戏的引导者和参与者，只有这样，我们才能深入幼儿的游戏中，真正了解幼儿的需要，促进幼儿进一步发展。幼儿游戏的丰富性与深入性，在很大程度上取决于教师的指导策略和指导水平，所以作为幼儿成长的引导者，我们一定要善于学习，掌握正确的指导方法和指导策略，及时发现幼儿的需要、情绪及困惑，能够因势利导适时地给予指导。也只有掌握了正确的指导策略，才能真正地走进幼儿的游戏，走进幼儿的心灵，和幼儿一起游戏、一起成长！

三、关注幼儿的生活（根据虞永平教授的讲座整理）

在本次培训中出现频率较高的另外几个词语是"经验、生活、活动、环境"。说到这几个词语不禁要联系到《纲要》。同是一本薄薄的"纲要"，从虞永平教授的口中讲出来却变得如此的"丰厚"，让我对《纲要》的精神有了一次新的认识，让我重新理解了"活动""生活""经验""环境"这些词语背后的深远意义，让我重新审视了"教师"和"幼儿"的关系，让我对"如何使孩子度过快乐而有意义的童年"有了新的理解，让我对"如何做一名合格的幼儿教师"有了新的思考。现在我结合虞教授的讲座和自己重读《纲要》及学习《指南》的一些体会与大家交流一下。

（一）《规程》《纲要》《指南》的关系

提升幼儿教育质量的责任在于我们幼儿园教师，《纲要》虽然已经颁布10年多了，说实话我们在工作中对《纲要》的精神落实得还不到位，还需要继续努力。

（1）《纲要》是对《规程》内容与教育原则的具体化和细化。

（2）《纲要》提出了好的理念，但由于领域目标不够具体化和操作化，更没有年龄目标的要求，《纲要》的细化靠老师自己来完成有些困难。

《指南》给教师提供了明确的幼儿发展方向，并为实施具体的教育教学提供了依据，弥补了《纲要》的不确定性，是《纲要》的具体化和细化，也有助于提高教师的专业技能。而《纲要》是《指南》的指导精神，我们一定要按照《纲要》的理念和精神去实施与运用《指南》。

同时，我们也应清醒地认识到《指南》是对儿童学习与发展结果的描述，但不能为了追求结果而对儿童进行灌输和训练，应以《纲要》对教育过程的理解来实践对儿童学习与发展结果的期待。

要想《指南》和《纲要》变成现实，教师必须要专业化，而《标准》是教师专业化的准绳。所以，我们都应该认真学习这几份文件，领会其中的精神。

（二）重读《纲要》，关注"生活"

1. 幼儿教育的目标——健康愉快地生活

幼儿教育的目的是促进幼儿身心全面和谐地发展。幼儿身心全面和谐发展的表现就是幼儿愉快、健康地生活。从这个意义上说，让幼儿愉快、健康地生活是幼儿教育的重要目的。

为此，《纲要》中直接提出了诸多指向幼儿生活的目标，如使幼儿生活、卫生习惯良好，有基本的生活自理能力；使幼儿能从生活和游戏中感受事物的数量关系；使幼儿初步感受并喜爱环境、生活和艺术中的美；等等。《纲要》中还有大量的教育目标虽然没有直接提及"生活"这一词语，但它们的确都是指向幼儿健康、愉快地生活，指向幼儿身心全面和谐发展的。

2. 幼儿教育的重要内容——学习并适应生活

《纲要》指出："幼儿园应为幼儿提供健康、丰富的生活和活动环境，满足他们多方面发展的需要，使他们在快乐的童年生活中获得有益于身心发展的经验。"幼儿园教育内容的选择要"既贴近幼儿的生活来选择幼儿感兴趣的事物和问题，又有助于拓展幼儿的经验与视野"。"教育活动内容的组织应充分考虑幼儿的学习特点和认识规律，各领域的内容要有机联系，相互渗透，注重综合性、趣味性、活动性，寓教育于生活、游戏之中。"因此，幼儿园教育应从现实生活中挖掘教育资源，把各种教育内容与幼儿现实生活联系起来，把教育活动同幼儿现实生活结合起来。

《纲要》在各教育领域都强调了生活的价值，强调从生活中发掘教育的内容。在健康、语言、社会、科学和艺术五个教育领域中，关注幼儿生活、引导幼儿生活及现代教育生活观充分得到了体现。以下是五个教育领域中有关体现"生活"理念的一些重要表述。

（1）在健康教育领域中，强调让幼儿在集体生活中感到温暖，心情愉快，形成安全感、信赖感；强调根据幼儿的需要建立科学的生活常规，培养幼儿良好的饮食、睡眠、盥洗、排泄等生活卫生习惯和生活自理能力；强调密切结合幼儿的生活进行安全、营养和保健教育。

（2）在语言教育领域中，强调在日常活动中，鼓励和引导幼儿的语言交流，发展幼儿的语言能力；强调培养幼儿对生活中常见的简单标记和文字符号的兴趣。

（3）在社会教育领域中，强调引导幼儿参加各种集体活动，体验与教师、同伴等共同生活的乐趣；强调在共同的生活和活动中，以多种方式引导幼儿认识体验并理解基本的社会行为规则；强调引导幼儿关注周围的社会生活和人们的活动。

（4）在科学教育领域中，强调引导幼儿对周围环境及日常生活中常见的现象、事物产生兴趣；强调引导幼儿学习用简单的数学方法解决生活和游戏中某些简单的问题；强调从生活或媒体中幼儿熟悉的科技成果入手，引导幼儿感受科学技术对生活的影响；强调在幼儿生活经验的基础上帮助幼儿了解自然、环境与人类生活的关系。

（5）在艺术教育领域中，强调引导幼儿接触周围环境和生活中美好的人、事、物，引导幼儿感受生活中的美；强调引导幼儿利用身边的物品或废旧材料制作玩具、手工艺品等来美化自己的生活或开展其他活动。

由此可见，在《纲要》中，关注生活、利用生活的思想遍及所有的教育领域，不同的教育领域从各自不同的特点出发，来吸收生活、利用生活、服务生活和实践生活。《纲要》对生活观的强调和运用是我国迄今为止的幼儿教育政策与法规中最为鲜明、最为突出的。

3. 幼儿教育的重要途径——在生活中学习

生活是幼儿教育的内容，也是幼儿教育的途径。在生活中学习，学习的途径和方式必定是生活的，在生活中学习，学习就是生活。因为幼儿的身心发展特点决定了幼儿的学习目标、内容关系到幼儿的生活，幼儿的学习过程本身也离不开幼儿的生活。对幼儿而言，大部分的学习都不是系统的、正规的集体教育，而是生活化、游戏化的教育活动，是生活和游戏本身。

例如，《纲要》中指出，社会态度和社会情感的培养应渗透到一日生活的各个环节之中，"幼儿与成人、同伴之间的共同生活、交往、探索、游戏等，是其社会学习的重要途径"。从这个意义上说，一日生活中的每一个环节都具有教育价值，都应从幼儿发展的现实出发，并充分地组织和利用。

生活是一个动态的过程，生活不是教材中某一个固定的知识点。生活不属于某个特定的经验领域，而是属于所有的经验领域，生活的内容是综合的、多样的。因此，作为教育途径的生活是具有挑战性、应变性的。在生活中，幼儿会面临多种问题和现象，会涉及多方面的知识、情感和能力。因此，生活也就成了一种引导幼儿教育课程走向整合的重要途径。通过在生活中学习，也有利于培养幼儿开放的视野和思维方式。

真正适合并能引发幼儿兴趣的还是最贴近的、最现实的、最感性的生活。另外，对不同年龄的幼儿来说，生活空间、生活内容应有所不同，要将生活作为幼儿教育的重要途径，就必须从幼儿发展的现实需要出发，从幼儿所处的特定生活背景出发，对生活内容、生活活动进行一定的调整，使之真正能起到教育的作用。

四、关注自身的专业成长（学习反思）

2011年教育部印发的《指南》让我们对幼儿教育重新审视。虽然我们经常说要从孩子的立场出发，但实际上很多时候并没有仔细地观察与倾听幼儿，还是停留在自我主张、自我满足上。

作为成人，特别是幼儿教师，我们更不能自以为是，我们必须建立正确的儿童观、教育观、学习观。我们必须从以下几个方面来反思自己的工作，提高自己的专业化水平。

（一）孩子喜欢什么样的教师

在思考教师的作用时，应该反问一个问题，即幼儿对教师的要求是什么？幼儿渴望依靠自己的力量来做事，他们希望全身心地投入与环境的相互作用中，用自己的力量来改变自己的同伴，不断地探索发现，不断地成长进步。教师应该把幼儿的这一愿望置于核心位置。下面是孩子们的几点心愿。

（1）知道对于孩子来说快乐的事情是什么，在什么时候，什么样的状态。

（2）对孩子挂念的事情以及游戏活动等予以理解。

（3）与孩子对话，倾听孩子。

（4）老师知道很多新鲜的事、有趣的事，成为孩子模仿的榜样。

（5）磨炼发现与感动的感知能力，与孩子产生认知和情感的共鸣。

（6）与孩子一起拥有充实的生活，不断地想象与创造，开创新生活。

（7）幼儿喜爱多样化的老师，渴望得到老师的尊重与关注，渴望与老师共同生活，并开创新的世界。

（二）熟知孩子的发展特点

要想做到以上几点，成为孩子们喜欢的老师，我们必须熟知每个年龄阶段孩子的发展特点，了解孩子的身心发展规律，了解班上每一个孩子的特质，从孩子的兴趣、利益出发，因材施教、因人施教。

（三）与孩子建立良好的关系

孙云晓教授讲过好的亲子关系胜过很多教育，我想这句话同样适用于我们：好的师幼关系胜过很多教育。你和孩子的关系是好的，你的教育才可能是成功的。你和孩子的关系是糟糕的，你的教育一定是失败的。所以改变教育从改变关系开始，改变孩子从改变自己开始，改变明天从改变今天开始。与孩子关系的好坏决定了教育的成败。

与孩子建立良好的关系不是一朝一夕之功，我们必须经常和孩子在一起，与孩子共同生活，走进孩子的世界，倾听孩子的心声。教育的艺术首先是倾听的艺术，孩子的表情写满成长的密码，研究孩子我们成人是专家，我们只有发现并肯定孩子的优点，才会有好的关系。

（四）向孩子学习，与孩子共同成长

要想真正地开创适合孩子的教育，教师应抱有向孩子学习的谦虚态度，有人说：保育的方法策略不在指导手册中，要相信在孩子中存在着多样的解答，要真正地与孩子交往。不要蔑视孩子，要向孩子学习。

面对纷繁复杂的保教活动，我们经常会因为找不到可以照搬的现成的理论知识或指导策略而焦虑不安，甚至会非常苦恼。其实，过度依赖现成的答案，会弱化我们自身的感受力与思考力。我们只有仔细观察眼前的每一个孩子，认真探察其行为的意义，不断反思自身的行为，为其提供适当的援助和指导，才能实现我们自身的专业化发展。

孩子是我们最好的老师。让我们静下心来倾听孩子，和孩子共同成长！

2012年7月

第四篇　研修学习

味　道

——博兴县名师外出学习心得体会

　　习惯了幼儿园里孩子们身上那种淡淡的奶香味儿，习惯了幼儿园老师身上那种单纯中透着的傻气，习惯了幼儿园里那种多彩绚烂的芬芳……跟随县教育局小学名师考察团走近小学校园，愚钝的我开始时竟不知该用何种味道来形容这顿盛宴，但随着学习考察的深入，我慢慢地喜欢上了这种味道——暗香流动，醇厚香甜。

　　"横看成岭侧成峰，远近高低各不同。"同样的参观学习，因为每个人的观察角度不一样，每个人的出发点不同，所以大家看到的东西也是不一样的。这次学习给我感动最多的是莱芜市实验小学。走进莱芜市实验小学，就好像打开了一瓶陈年老酒，香味四溢，让人流连其中。

一、初品清香

　　走进莱芜市实验小学，首先映入我眼帘的是灵璧石上的校魂："一切以爱的名义"。然后抬头看到的是教学楼上的校训："让读书成为一种生活方式"。我在想："这该是怎样的一所学校，会如何以爱的名义去践行让读书成为一种生活方式呢？"在学校会议室，学校副校长首先为我们做了报告《新教育，让每一个人绽放生命》，他从如何营造书香校园、缔造完美教室、开发丰富课程、构筑生态课堂、聆听窗外声音五个方面介绍了莱芜实验小学在新教育之路上的探索与实验及取得的成绩。富有诗意的语言，让我初次品到了这所学校的清香。

二、再品醇厚

在莱芜市实验小学，我们有幸跟随毕淑娟校长一起聆听了刘芳老师执教的语文课《梅花魂》，从教学环节的精心设计到教师细腻而富有感情的讲解；从老师富有启发的提问到同学们真挚的回答；从巧妙的板书到老师智慧的点拨；从静静地默读到富有感情的集体朗诵……从梅花魂到祖国心、民族情，在课堂上我一直被孩子们和刘老师感动着，孩子们那坚定的声音："愈是寒冷，愈是风欺雪压，花开得愈精神，愈秀气。她是最有品格、最有灵魂、最有骨气的！几千年来，我们中华民族出了许多有气节的人物，他们不管历经多少磨难，不管受到怎样的欺凌，从来都是顶天立地，不肯低头折节。"一直萦绕在我的耳边，我一直被孩子们的声音激励着，从他们身上我品味到了莱芜市实验小学的醇厚。

三、三品细腻

还没从"梅花魂"的精、气、神里面走出来，我们又跟随毕淑娟校长一起参观了他们的校园文化。从"一切以爱的名义"灵璧石，"每日四省吾身"的标牌到"实施生态教育，打造生命憩园"的核心办学理念墙，从名言警句葵花牌到《弟子规》楼梯文化，从德育故事长廊到52种品格文化立柱，从养心书屋到益智棋社，从音乐室到美术室，从德育教室到心灵氧吧，莱芜市实验小学的每一寸土地上都散发着文化气息，展现着丰厚的内涵。

四、回味悠长

来到道德讲堂，四年级和五年级的学生为我们带来经典诵读展示《一切以爱的名义》和《论语》等节目。孩子们生动而又投入的表演，整齐而又富有变化的朗读，让我们受到震撼的同时，也真正懂得了什么是"诵《论语》经典，做君子少年"，理解了什么是"一切以爱的名义"，再一次感受到"做中国人，做顶天立地的中国人"的自豪！

离开莱芜市实验小学也结束了这次学习之旅，可这次学习的味道依然让我回味悠长，静下心来思考，我才发现，学习是一个让我们的心安静和回

归的过程，我们不缺乏激情，也不缺乏理想，但是缺少从脚下达到理想的道路，只要我们心中装着孩子，装着孩子的未来，就一定能品到自己想要的味道，也一定能够找到属于自己的路。

2013年4月

幼儿发展记心间

——观摩县直幼儿园半日开放活动有感

学《指南》，用《指南》，一日生活是展现；

　　保教并重要做到，优化规范要提高；

　　县直园所来开放，观摩学习互来往；

　　实小博奥和乐安，精细实严有发展；

　　校外一小和实验，方方面面展内涵。

学《指南》，用《指南》，常规落实不简单；

　　入园之时要晨检，微笑上岗天天见；

　　区域活动重自主，材料丰富常更换；

　　生活活动细指导，习惯培养很重要；

　　户外活动也丰富，动静交替保安全。

学《指南》，用《指南》，幼儿教师齐发展；

　　幼儿为本记得牢，活动设计很巧妙；

　　操作探索重体验，幼儿自主是关键；

　　面向全体重个别，教育智慧现中间；

　　你说我说大家说，良好互动展面前。

学《指南》，用《指南》，精细管理要借鉴；

责任到人勤落实，工作流程可精简；

制度制定很重要，服务师幼很关键；

有效沟通是前提，严格执行是重点；

细微之处显魅力，逐步提升得发展。

学《指南》，用《指南》，润物无声是重点；

生活教育是一体，无为而治是关键；

一日生活皆课程，要靠你我共实践，

我们大家齐学习，幼儿发展记心间。